Reformbühne Heim & Welt
SCHNAUZE.

REFORMBÜHNE HEIM & WELT

SCHNAUZE.

DIE BESTEN TEXTE DER LITERATURGESCHICHTE

Ahne
Falko Hennig
Mandana Katebian
Susanne M. Riedel
· Frank Sorge
Spider
Heiko Werning

SATYR VERLAG

1. Auflage Mai 2025

Produziert von der
© Reformbühne Heim & Welt 2025
im
Satyr Verlag, Auerstr. 23-25, 10249 Berlin
www.satyr-verlag.de | info@satyr-verlag.de

Cover: Jussi Jääskelainen, www.kobaia-design.com
Druck und Bindung: CPI Books, Leck
Printed in Germany

Die Deutsche Nationalbibliothek verzeichnet diese Publikation in der Deutschen Nationalbibliografie; detaillierte bibliografische Daten sind im Internet abrufbar über: http://dnb.d-nb.de

Die Marke »Satyr Verlag« ist eingetragen auf den Verlagsgründer Peter Maassen.

ISBN: 978-3-910775-37-4

Inhalt

4. Schlimmer kann es immer sein zum Stelldichein

5. Wir stoßen auf die Hoffnung an, gemeinsam voran!

6. Wenn's dunkel ist, wird's wieder hell, die Woche,
sie vergeht so schnell

7. Denn nur eine Woche lang zum nächsten Empfang

Wir danken allen, die in 30 Jahren Reformbühne Heim & Welt mit dabei waren und uns unterstützt haben, besonders unseren zahllosen musikalischen und literarischen Gästen, unserem Publikum und unseren ehemaligen Fachkräften:

Jürgen Witte, Manfred Maurenbrecher, Hans Duschke, Bov Bjerg, Sarah Schmidt, Michael Stein, Jakob Hein, Wladimir Kaminer, Daniela Böhle, Uli Hannemann, Roman Israel, Jordan Atanassow und Sarah Roßberg.

Wir danken außerdem der Baiz *und besonders ihrem Intendanten Matthias sowie der* Freien Internationalen Tankstelle FIT *und ihrem Maître Dieder.*

Ein Extra-Dank an Volker Surmann und den Satyr Verlag für die Ermöglichung dieses Buches und alles andere auch.

Vorwort

Guten Tag. Wie schön, dass Sie dieses Buch hier gefunden und aufgeschlagen haben. Es zählt zu den am meisten guten Büchern überhaupt, jedenfalls vom Papier her und vom Druck. Zudem versammeln sich in dem Buch, das wurde bestätigt von sämtlichen Expertinnen und Experten sämtlicher Institute weltweit, die interessantesten Texte der Literaturgeschichte, und die kommen ausnahmslos alle von der *Reformbühne Heim & Welt*. So ein Zufall.

Die *Reformbühne Heim & Welt*, sie ist, wie Sie womöglich schon wissen, denn es steht ja im Grundgesetz sowie in der Charta der Vereinten Nationen (UNO, nicht das Kartenspiel) und auch im Internet, eine Lesebühne aus Berlin. Eine Lesebühne, das ist so eine Art Crew, eine Gruppe, eine Band, eine verschworene Gemeinschaft, die Woche für Woche frisch verfasste Texte in einer fest verankerten Lokalität vorliest, und dann tobt das Publikum vor Begeisterung. Oder es schmunzelt. Oder es wird zum Nachdenken angeregt, je nachdem, bleibt dem Publikum überlassen. Freedom! Manchmal verlässt auch jemand erbost das Lokal oder stößt Beschimpfungen aus. Auch das hat es bereits gegeben. Manche haben nämlich vollkommen andere Vorstellungen von interessanten Texten, manche verstehen keinen Humor, beziehungsweise sie verstehen den Humor der *Reformbühne Heim & Welt* nicht. Ha ha, doch das gibt es. Zum Beispiel gab es mal einen wütenden Herrn, das muss um die Jahrtausendwende gewesen sein ..., na ja, der hatte eine Brille auf.

Die *Reformbühne Heim & Welt*, sie wurde in der Stadt Berlin im Jahre 1995 (1.995 Jahre nach der Geburt von Jesus Christus, einem langhaarigen Religionsstifter) von solch bedeutenden Persönlichkeiten wie Bov Bjerg, Hans Duschke, Sarah Schmidt, Manfred Maurenbrecher, Jürgen Witte, Michael Stein und bestimmt noch welchen gegründet, aber die sind alle nicht mehr dabei. Die sind heute angesehene Mitglieder dieser Gesellschaft, oder sie sind tot, oder sie graben gerade ihren Garten um, also den eigenen, beziehungsweise den Garten von Freundinnen und Freunden, mit denen das so verabredet gewesen ist. Oder handelt es sich um eine Überraschung? Zwischendurch wirkten bei der Reformbühne auch für längere Zeit Lichtgestalten wie Daniela Böhle mit, Jakob Hein, Wladimir Kaminer, Uli Hannemann, Roman Israel, und es gibt und gab auch immer illustre Gäste, Hunderte, Tausende an der Zahl, die etwas vorlesen dürfen oder durften. Zum Beispiel war mal der Papst da, *Der Papst, seine Frau, sein Porsche und ich*. Der hat Lieder gesungen. Das darf man nämlich ebenfalls, auf einer Lesebühne. Es darf gesungen werden, es dürfen politische Reden geschwungen werden, und gezaubert werden darf auch, es hat sogar mal jemand Trompete gespielt, und dazu drehte sich ein kleiner Hund im Kreis, auf seinen Hinterbeinen. Süß! Doch meistens werden Texte vorgelesen, Texte von Susanne M. Riedel, von Falko Hennig, von Andreas »Spider« Krenzke, von Frank Sorge, von Heiko Werning, von Mandana Katebian und von Ahne, den aktuellen Mitgliedern der *Reformbühne Heim & Welt*. Sonntag für Sonntag lesen sie das, was sie sich in der Woche zuvor in ihren eigenen Köpfen ausgedacht und aufgeschrieben haben. Und eine Auswahl ihrer allerbesten Texte, die finden Sie in diesem Buch hier. Na los, umblättern! Und Schnauze.

Die Refombühne Heim & Welt:
von links: (oben) Spider, Mandana, Heiko, Susanne, Falko
(unten) Matthias (Baiz), Ahne und Frank

1.
Auch morgen noch sind wir jung, das ist eine Verabredung

Wir treffen uns an der Hotel-Bar

Susanne M. Riedel

, sagt Caro.

Ich schlucke.

Aber von vorn.

Meine alte Schulfreundin Caro, die inzwischen im Ausland lebt, ist für ein paar Tage zu Besuch in Berlin, und im *Hotel Steglitz International* abgestiegen.

(*Steglitz International*, ich weiß, es klingt ein bisschen wie Buxtehude Blingbling oder Schöneweide Central, aber das Hotel gibt es wirklich, ich habe mir das nicht ausgedacht.)

Caro hat sich mit einer gemeinsamen Freundin auf einen Drink in unserer früheren Stammkneipe verabredet, schreibt sie, ob ich nicht dazu kommen wolle. Und wie ich will!

»Nehme den Bus in ner halben Stunden«, tippe ich zurück, und »Juchu!«, und klappe mit Schwung meinen Laptop zu. Kurz darauf schon wieder eine Nachricht: »Im *Finnegan's* war es total überfüllt«, schreibt Caro. »Wir treffen uns an der Hotelbar. Bis gleich!«

Es sind Worte wie »Hotelbar«, bei denen sich meine Herkunft bemerkbar macht, irgendwo ganz tief in meinen Eingeweiden.

Ich bin in einer klassischen Arbeiterfamilie aufgewachsen. Mein Vater arbeitete auf dem Bau, meine Mutter als Raumpflegerin, wie es so schön hieß. Lange dachte ich, es hieße

Raumfegerin, was in gewisser Weise auch viel mehr der Realität entsprach, wie ich sie erlebte.

Tatsächlich fand ich die Berufe meiner Eltern sehr spannend. Wenn mein Vater auf Baustellen in der Nähe zu tun hatte, brachte ich ihm während meiner Schulferien manchmal Stullenpakete vorbei und verfolgte, wie die Gebäude und Treppen und Brunnen, an denen er baute, über die Tage und Wochen wuchsen.

Auch meine Mutter besuchte ich während meiner Grundschulzeit oft auf der Arbeit. Sie war in einer Lichterfelder Kirchengemeinde tätig, und während sie die Sakristei, die Flure, den Parkettsaal saubermachte, probierte ich mich auf den diversen Klavieren, Cembalos und Orgeln aus, die so herumstanden, spielte zuweilen mit den Modelleisenbahnen, die der Hausmeister im Heizungskeller aufgebaut hatte, oder half dabei, Tische für Feiern und Synodensitzungen zu decken und Papierservietten zu Kirchturmspitzen zu falten.

Mein Verhältnis zu Gott war ein sehr eigenes, recht bodenständiges. Sang meine Mutter mir zur Nacht das alte Lied vor – »Weißt du wie viel Sternlein stehen an dem blauen Himmelszelt« –, so war dieses Himmelszelt in meinen Gedanken doch immer wieder die Decke des kleinen blauen Campingzeltes, das die Hauswartsleute manchmal in ihrem Garten für uns Kinder aufbauten und in dem wir Comics lasen und Wassereis aßen, während die Erwachsenen draußen mit Klapperlatschen und kurzen Hosen den Feierabend mit Berliner Weiße begossen. Wir freuten uns, wenn sie lange saßen, und wenn doch mal jemand aufstand, amüsierten wir uns über das Muster, das die Plastikbespannung der Campingstühle auf den Oberschenkeln hinterließ.

Auf die Idee, mich für die Berufe meiner Eltern zu schämen, wäre ich damals nicht gekommen – der Gedanke nahm erst in der Oberschule Form an.

An dem Gymnasium, auf dem ich irgendwann landete, ohne recht zu wissen, wie mir geschah, hatten die meisten anderen Eltern mit einem Mal ganz andere Berufe, sie waren Lehrer, Ärztinnen, Architekten, Professoren, manche hatten Titel, von denen ich nie gehört hatte. So dachte ich für eine kleine Weile, der Vater einer Klassenkameradin heiße Dipl.-Ing. mit Vornamen, weil das auf dem Klingelschild der Familie so stand.

Meinem Vater war das Schreiben zeitlebens so lästig wie das Lesen, und er neigte dazu, Worte abzukürzen, auch Namen; wenn er mir mal einen Zettel schrieb oder später eine Urlaubskarte, dann immer überschrieben mit »Liebe Sus.«, so kannte ich das halt. Es war immer noch besser als meine Tante Erna, die wiederum eine ausgeprägte Neigung dazu hatte, sich Namen falsch zu merken, und meinen damaligen Freund Alex stets mit Aldi anredete, aber das ist eine andere Geschichte.

Schnell jedenfalls war klar, dass ich aus einer anderen Welt kam. Ich wusste bei schickeren Festen nicht, wie ich mich anzuziehen hatte oder welches Besteck man zuerst nahm, klatschte bei klassischen Musikeinlagen an den falschen Stellen, sprach zu leise und lachte zu laut, zum Beispiel über die winzigen Portionen, die serviert wurden.

Manches habe ich mir angeeignet, anderes ist mir bis heute fremd. In Hotels zum Beispiel komme ich inzwischen gut zurecht, auch wenn in meiner Kindheit und Jugend eher Frühstückspensionen angesagt waren. Das Wort »Hotelbar« allerdings vermag mich bis heute nervös zu machen.

Doch kneifen gilt nicht, sage ich mir.

Versuche, in den folgenden 15 Minuten mehr oder weniger verzweifelt mich in etwas Schickes zu zwängen, das zu meiner verschwommenen Vorstellung einer Frau in einer Hotelbar passt. Bei der Betrachtung meines Spiegelbilds komme ich nicht umhin festzustellen, dass meine Bilder vielleicht ein bisschen zu sehr von *Dallas* und *Denver-Clan* der Achtzigerjahre geprägt sind.

Werfe Blusen und Gedöns von mir und beschließe, mich zu entspannen.

Letzten Endes schlüpfe ich in die Klamotten, die ich am Vorabend bei der *Reformbühne* getragen habe, ein unprätentiöses Shirt, Jeans, schicke Stiefel dazu, Lederjacke, fertig.

Ich stolziere kurz zu meinem Sohn ins Zimmer, um Tschüss zu sagen.

»Na?«, sage ich. »Sehe ich aus, als ob ich in eine Hotelbar gehe?«

Er mustert mich.

»Nee«, lacht er. »Du siehst eher aus, als ob du jetzt Steine auf Nazis schmeißen gehst!« Und irgendwas an dieser Antwort macht mich erstaunlich glücklich.

Sich selbst treu bleiben, ist vielleicht der beste Rat, denke ich noch, als ich das Hotel sehr aufrecht betrete.

Das habe ich so eigentlich schon zu Hause gelernt.

Das Universum aus der Kaffeetüte

Spider

In der DDR waren die Karrieren der Karrierepläne in den Siebzigerjahren wahrscheinlich für alle kleinen Jungen die gleichen. Zuerst wollte man ein Mädchen werden, danach doch lieber Lokführer und schließlich Kosmonaut. Ich machte da keine Ausnahme. Der Weltraum lockte, mehr noch als der Westen. Das hatte wahrscheinlich mit der Schwerelosigkeit zu tun. Dabei war ich damals sehr leicht und hätte von der Schwerelosigkeit eigentlich kaum profitiert. Selbst auf der Erde – Erde klingt ziemlich großartig und ein bisschen pathetisch –, selbst in den Straßen von Ostberlin schwebte ich eigentlich mehr, als dass ich lief, und ein scharfer Wind, ein buntes Schaufenster oder ein interessantes Fahrzeug konnte mich mit Leichtigkeit anziehen und von der vorausberechneten Bahn abbringen. Aber so wurde das natürlich nichts mit der Kosmonautik, auch nicht mit der Lokführerei, nicht mal, um Mädchen zu werden, reichte es.

Meine Großmutter schenkte mir einmal einen Modellbausatz von Wostok 1, dem Raumschiff, in dem Gagarin die Erde umrundet hatte, zum Zusammenkleben. Begeistert verbrachte ich herrliche Stunden in den Wolken der Lösungsmitteldämpfe. Gagarin war auch für DDR-Menschen ein Held. Im Nachhinein erst ist mir die Geschicklichkeit aufgefallen, den Namen der Raumkapsel nicht ins Deutsche übersetzt zu haben. »Osten 1« hätte irgendwie alles andere als heroisch geklungen in den Ohren der Ostzonenbewohner.

Damals wohnten wir bei der Großmutter in der Knorrpromenade, und ich begleitete sie oft zum Einkaufen. Einmal sahen wir seltsame Wesen auf dem Dach einer Baracke, die aus einer Art Kanone Flammen verschossen. Es waren aber gar keine Außerirdischen, die den Friedrichshain angegriffen hatten, sondern Bauarbeiter, die Dachpappe verlegten. Was für eine Enttäuschung. Im Einkaufsladen stand eine Kühltruhe, an deren Seite stets zwei Lämpchen leuchteten, ein rotes und ein grünes. Eines Tages fehlten sie, und an ihrer Stelle luden Löcher zum Hineinstecken der Finger ein. Ich bekam meinen ersten elektrischen Schlag, und im Einkaufsladen wurde es dunkel und still. Das lag daran, dass das Licht ausgegangen war und auch die Kaffeemühle. Ich schrie wie am Spieß, sodass das mit der stromlosen Kaffeemühle wahrscheinlich kaum jemandem aufgefallen sein dürfte. Nur gegen die Dunkelheit konnte ich nichts tun. Ich war damals keine Leuchte.

Die besagte Kaffeemühle faszinierte mich jedes Mal. Oma kippte oben die Bohnen des Rondo rein, und dann wurde er in die unten angeklemmte Tüte gemahlen. Nichts Spektakuläres, so etwas gibt es heute noch in vielen Kaufhallen, aber damals waren große Maschinen wie kleine Freunde.

Irgendwann wurden wir eines Pfunds Westkaffee habhaft. Keine Ahnung, wie und warum. Der war schon gemahlen. Wie praktisch! Was aber noch viel spektakulärer war: Es handelte sich um einen steinharten Klotz. Bevor wir die ersten Tassen davon tranken, klopften wir mit der Packung monatelang Schnitzel, zerschlugen damit Eiswürfel, Kandiszucker und Steinsalz oder halbierten Briketts. Der Kaffee war, wie mir meine Eltern erklärten, vakuumverpackt. In der Packung war Vakuum. Also in erster Linie selbstverständlich Kaffee, aber auch ein ordentlicher Schuss Vakuum. Das musste man sich mal vorstellen: Vakuum. Ich kannte Vakuum, das war das Zeug, aus dem das Weltall bestand. Die im Westen hatten in jeder Packung Kaffee noch gratis ein bisschen Universum als Beilage. Konnte mir doch keiner erklären, dass wir das fortschrittlichere System haben sollten. Der Kaffee war schwarz und scheinbar unendlich tief und anfangs heiß, dann kühlte er stetig ab. Er war wie das Universum, was hätte also näher liegen können, als seiner Verpackung ein wenig seines Geschwisters beizulegen? Als wir die Tüte öffneten, entwich zischend ein wenig Weltraum in unsere Küche, und ich konnte mich so ein ganz kleines, winziges bisschen wie ein Kosmonaut fühlen.

Wenn man nur genug von dem Westkaffee besäße, so dachte ich es mir, vielleicht so viel, wie ein Westler, dann könnte man alle Packungen auf einmal öffnen und hätte ein richtiges, gutes, echtes Stück Weltall bei sich zu Hause. So könnte man ganz ohne eigene Rakete, ohne Sport zu trainieren und Russisch können zu müssen, quasi als Hobby, Kosmonaut werden. Wahrscheinlich brauchte man dann aber trotzdem einen Raumanzug. Aber da konnte ich vielleicht meine andere Oma fragen, die war nämlich Schneiderin. Das war ein sehr guter Plan. Das daraus trotzdem nichts wurde, ist nicht meine Schuld und eine andere Geschichte. Aber noch heute, Jahrzehnte später, erfasst mich Ehrfurcht, wenn ich eine Packung Kaffee öffne.

Ich bin auch ein Vertriebener

Heiko Werning

Christi Himmelfahrt, auch so ein Feiertag, von dem niemand weiß, was er eigentlich bedeutet, am allerwenigsten die Irren, die ständig für den Erhalt des christlichen Abendlands kämpfen. Ausnehmen von dieser Hypothese würde ich lediglich Neukirchen beim Heilig Blut im Bayerischen Wald. Der Ort ist dermaßen mit Kreuzen, Kreuzgängen, Kapellen und Kirchen zugestellt, dass ich überzeugt bin: Wenn irgendwer weiß, wozu Christi Himmelfahrt gut ist, dann die Neukirchner vom Heiligen Blut. Das Wetter ist perfekt, die sanfte Hügellandschaft leuchtet im frischen Maiengrün vor strahlend blauem Himmel. Und mit dem unverständlichen Idiom dort ist es im Grunde ähnlich wie im heimischen Wedding: Es kann so entspannend sein, wenn man nicht weiß, was die Leute reden. Man kann sich einbilden, sie unterhielten sich über interessante Dinge oder schimpften zumindest nicht in einem fort über die Lügenpresse, die Zwangsgebühren, die da oben oder die Flüchtlinge.

Wobei der Begriff Flüchtlinge hier leicht zu Verwirrungen führen kann. Denn ich bin hier, um am Vertriebenen-Treffen der Sudetendeutschen aus dem Örtchen Neuern im Böhmerwald teilzunehmen. Das ist etwa 25 Kilometer von Neukirchen beim Heiligen Blut entfernt und heißt heute Nyrsko. Mein Schwiegervater wurde dort 1930 geboren. Der Tag der Befreiung bedeutete für seine Familie und ihn nicht nur, dass der Krieg endlich vorbei war, sondern auch, dass bald darauf tschechische Polizisten vor der Tür standen und ihn, gerade 15 Jahre alt, zur Zwangsarbeit nach Mochtín abtransportierten. Ein Jahr später durfte er zurück nach Hause, wo kurz darauf erneut die Polizei vor der Tür stand, diesmal, um ihm und seiner Familie mitzuteilen, dass sie das Land verlassen müssen. 30 Kilo Gepäck pro Person durften sie mitnehmen, im Bahnhof von Klattau, heute Klatovy, warteten die Züge, in die sie hineingestoßen wurden. Weil dort noch Unterbringungskapazitäten für Flüchtlinge frei waren, kam mein Schwiegervater nach Magdeburg, wo er bei einem Bauern zwangseinquartiert wurde. Es klingt irritierend nach Flüchtlingsgeschichten, wie wir sie heute täglich hören.

Als meine Mutter in Münster, die genauso alt ist wie mein Schwiegervater, mir neulich erzählte, dass sie Angst habe wegen der vielen Flüchtlinge, die jetzt nach Deutschland kommen, war ich erst ziemlich genervt, dass sie den ganzen Besorgte-Bürger-Idioten auf den Leim gehe. Obwohl ich es, zugegebenerweise, selbst ein wenig eigenartig fand, als ich durch die Straßen meines alten heimatlichen Vorortes Gremmendorf ging. Dort kamen mir jetzt mehr Frauen mit Kopftuch und Dunkelhäutige entgegen als im Wedding, und das mitten in unserer spießbürgerlichen Einfamilienhaussiedlung. Aber dort stehen auch Kasernen, und in die waren bis vor Kurzem die Briten einquartiert, die völlig zu Recht aufpassten, ob die Deutschen nach dem 8. Mai 1945 nicht wieder im Begriff waren, durchzudrehen, und es ist mir völlig unverständlich, wieso die eigentlich schon alle abgehauen sind, wo man sich doch in der gegenwärtigen Lage viel eher wünschte, sie zögen noch ein paar Bataillone zur Sicherheit nach. Wie dem auch sei, ihre ehemaligen Kasernen jedenfalls finden nun ein überraschendes zweites Leben als Flüchtlingsheime. So sind also plötzlich 4.000 Asylbewerber aus aller Welt in meinem alten Heimatstadtteil Münster-Gremmendorf gelandet, und ein klein wenig stolz darauf bin ich schon, dass die Gremmendorfer lieber Pakete mit Kleidern und Spielzeugen zum Heim bringen als davor zu protestieren und die Bewohner anzupöbeln. Einzig ein türkischer Nachbar verbreitete schlechte Stimmung und sagte, dass er seine 14jährige Tochter nun nicht mehr allein in Gremmendorf auf die Straße lasse, weil die ganzen Syrer da rumlungerten. Und meine Mutter hat sich ein Fahrradschloss gekauft, mit dem sie nun ihr Gartentor sichert. Ist das schon Rassismus? Ich versuchte es mit Gegenargumenten: Ob es denn je konkrete Hinweise auf Probleme mit den Flüchtlingen gegeben habe, fragte ich. Und meine Mutter sagte: Nein, das bislang nicht, aber sie habe einfach Angst, dass die bald bei ihr im Haus einquartiert würden. Ich war überrascht. Wie sie denn auf so eine Idee komme? Das sei doch völlig abwegig. Keineswegs, sagte meine Mutter, so sei es nach dem Krieg auch gewesen. Da wären die ganzen Flüchtlinge überall zwangseinquartiert worden, wo auch immer Platz gewesen sei. Sie selbst habe sich bei Tante Ida in Sendenhorst melden müssen, weil die allein in ihrem Haus wohnte. Sonst wären da noch welche von den Flüchtlingen untergebracht worden, und davor hatte Tante Ida große Angst.

Womöglich wäre dann also mein Schwiegervater aus Neuern im Böhmerwald bei Tante Ida in Sendenhorst in Westfalen einquartiert worden, denke ich, während wir durch Klatovy streifen, das zentrale Städtchen, wo sie als Jugendliche immer zum Einkaufen waren von Neuern aus. Oder bei Ausflügen mit der Hitlerjugend. Da hätten sie dann vom

Schwarzen Turm aus »Heil Hitler« gerufen, und die Tschechen unten auf der Straße hätten ihnen mit der Faust gedroht, erzählt er. Aber damit war es dann bald vorbei, dann hatten die Tschechen sie stattdessen in den Zug gesetzt, und er war aber nicht in Sendenhorst gelandet, vielleicht, weil meine Mutter sich rechtzeitig umgemeldet und Tante Ida so gerettet hatte, sondern in Magdeburg. Wo er Residenzpflicht hatte, was damals noch nicht so hieß, aber dasselbe bedeutete wie heute. Er hat sich nicht dran gehalten. Ein Cousin lebte im fränkischen Obernzenn, der habe gesagt, er solle einfach kommen, es gebe Arbeit und dort lebten viel mehr Sudetendeutsche. So ist er illegal dorthin übergesiedelt. So wie die meisten seiner sudetischen Landsleute auch. Und so wie die Flüchtlinge noch heute, die sich nicht an die Residenzpflicht halten, sondern sich illegal zu ihren Verwandten in München oder Berlin oder Duisburg aufmachen. Beschimpft von genau den Leuten, die sich über das Schicksal der deutschen Vertriebenen am lautesten beklagen.

Wir fahren weiter nach Mochtín, mein Schwiegervater möchte seine damaligen Vorarbeiter treffen. In Mochtín erkennt er nichts wieder. Das Nest hat vielleicht 1.000 Einwohner, die Zahl der Häuser ist übersichtlich, aber er erinnert sich nicht mal an den Fluss oder den Sportplatz, nur die Kirche meint er wiederzuerkennen. Schließlich klingeln wir irgendwo, und zu meiner Überraschung spricht er mit einem alten Mann, der öffnet, plötzlich auf Tschechisch. Sie unterhalten sich eine Weile sehr lautstark, beide sind arg schwerhörig, dann kommt er kopfschüttelnd zurück. »Die sind alle schon tot, sagt er. Wie kann das sein?« Wir versuchen ihm schonend mitzuteilen, dass wir das angesichts seines eigenen Alters nicht völlig überraschend finden, aber er will davon nichts wissen: »Ich probiere es nächstes Jahr noch mal, vielleicht kannte der die einfach nur nicht richtig.« Danach brechen wir auf zu seinem Geburtsort Neuern bzw. eben Nyrsko.

Sein Geburtshaus steht am Flüsschen Angel. Schwiegervater schimpft über die Verwahrlosung. Der Tscheche, er kümmere sich einfach nicht richtig um die alten Häuser. »Aber hier sieht doch alles total gepflegt aus«, werfen wir ein, denn tatsächlich wirkt das Örtchen nachgerade idyllisch. Aber Schwiegervater findet ein Häuschen, wo ein bisschen Putz bröckelt, und deutet anklagend darauf. Wir ahnen, dass Argumentieren hier sinnlos ist. Bei seinem alten Haus aber will er nicht klingeln und nicht gucken. Wie schon in all den Jahren seit der Maueröffnung nicht. Ob er denn seither niemals mit den Leuten dort Kontakt aufgenommen habe? Er wehrt energisch ab. Aber jedes Mal, wenn er hier ist, schleicht er um das Haus und schaut heimlich und macht Fotos. Und geht den alten Schulweg an der Angel entlang, bis hoch zur Kirche.

Genau dort ist Andacht um 14 Uhr, rund 30 hochbetagte Ex-Neurer treffen sich hier. Anschließend gehen alle auf den Friedhof hinter der Kirche. Auf den Grabsteinen stehen ausschließlich deutsche Namen. Die Vertriebenen zeigen auf einzelne Gräber und rufen sich die dazugehörigen Familiengeschichten ins Gedächtnis. Es ist ein bisschen wie beim Quartett. Wer diejenigen kennt, die am längsten überlebt haben, hat gewonnen: »Da liegt die Maria, die Frau vom Günther, der ist ja erst mit 83 an Lungenentzündung gestorben.« »Da liegt der Hans, dessen Tante, die hat erst mit 95 der Schlag getroffen.« Stich. Dann stellen wir uns alle zwischen den Grabsteinen auf und singen das Böhmerwaldlied:

Tief drin im Böhmerwald, da liegt mein Heimatort; / es ist gar lang schon her, dass ich von dort bin fort. / Doch die Erinnerung, die bleibt mir stets gewiss, / dass ich den Böhmerwald gar nie vergiss.

Das ist zwar ziemlich schlecht gereimt, aber das wird nicht der Grund dafür sein, dass einige der alten Herrschaften sich jetzt mit dem Taschentuch über das Gesicht wischen. Wir laufen abschließend noch ein wenig an der Angel entlang, die Kinder sind sehr aufgeregt, weil sie im Wasser ein großes Tier entdecken. Ein Nutria, erkläre ich erfreut. »Ein Nutria?«, fragt Schwiegervater, »was soll das denn sein? Hier gibt's keine Nutrias, hier gibt's nur Forellen. Die haben wir als Kinder mit der Hand gefangen. Nur die Tschechen nicht, die waren zu langsam.« Ich locke den Nutria mit ein paar Keksen aus dem Wasser. Er ist auch ein Vertriebener. Aus Chile wurde er nach dem Krieg nach Böhmen deportiert, in merkwürdiger Umkehrung der Migrationsroute vieler Deutscher dieser Zeit. Mit dem Ostblock sind 1989 auch die Pelztierfarmen zusammengebrochen, einige ganz wörtlich, sodass die Nutrias entkommen und sich erfolgreich verbreiten konnten. Heute streiten sie sich mit dem Waschbär aus Nordamerika um Futter. Während die Forellen wie 1945 schon im Bach stehen.

Als wir zurück zum Auto gehen, frage ich Schwiegervater, warum sie ihre Vertriebenen-Treffen eigentlich immer noch auf der anderen Seite, im Bayerischen Wald, abhalten. Sie könnten sich doch jetzt auch ebenso gut in Nyrsko treffen. Nein, sagt Schwiegervater, man wolle ja schließlich zum Wiedersehen auch gut essen und in Ruhe aufs Klo, und beides sei bei den Tschechen nun mal etwas schwierig.

Ich jedenfalls hätte lieber in Tschechien gegessen, wie mir klar wird, als ich am Abend auf der Karte das übliche deutsche

Gasthofeinerlei studiere. Also mal wieder das Schnitzel mit Pommes und Beilagensalat.

Nach dem Essen folgt eine kleine Ansprache der Vereinsvorsitzenden der Ex-Neuerner. Sie verliest die Namen der Verstorbenen des letzten Jahres. Es ist eine lange Liste. Die Zahl der Verblichenen übersteigt deutlich die der etwa 30 Anwesenden. Wenn das so weitergeht, wird es wohl bald vorbei sein mit den Treffen in Neukirchen beim Heiligen Blut. Wir sitzen unter Dinosauriern, und der Komet ist längst eingeschlagen. Die Vorsitzende aber wirkt ganz enthusiastisch. Besonders freue sie sich, sagt sie, dass es in diesem Jahr auch Nachwuchs gebe. Sie schaut freundlich strahlend zu uns herüber. Ich verschlucke mich fast. Wir sind also die letzte Hoffnung des sudetendeutschen Erbes von Nyrsko? Ich fürchte, dann steht es schlecht um dessen Zukunft. Unsere Weddinger Kinder können die Alten hier nicht einmal verstehen. Außerdem fragen sie dauernd, warum es keinen Döner gibt.

Noch eine weitere frohe Botschaft hat die Vereinsvorsitzende zu vermelden: Der Bürgermeister von Neukirchen beim Heiligen Blut ist da. Der hält prompt eine Rede. Ich bin beeindruckt. Ich finde ja sowieso, dass das allgemeine Politiker-Bashing eine Idiotie ersten Ranges ist. Man sollte dankbar sein für diese Menschen, die es auf sich nehmen, sich an einem wunderbaren Samstagabend in diese Gruft zu setzen und vor 30 verirrten Vertriebenen eine durchaus launige Rede über dieses und jenes zu halten und diesen Menschen damit erkennbar eine echte Freude bereiten. Anschließend kommt ein Quetschkommodenspieler herein. Ich ahne Schreckliches. Er kündigt an, dass wir nun alle zusammen das Böhmerwaldlied singen. Ich seufze. 30 brüchige Stimmen heben zum zweiten Mal an diesem Tag an:

Oh holde Kindeszeit noch einmal kehr zurück / wo spielend ich genoss das allerhöchste Glück / wo ich am Vaterhaus auf grüner Wiese stand / weithin schaute auf mein Vaterland.

Vaterhaus? Vaterland? Wie das jetzt wohl wieder gemeint ist? Die alten Herrschaften zücken erneut die Taschentücher, ich wünsche den Nutrias eine gute Reproduktionsrate. Wir müssen das Nationale verdrängen, wo immer es sich zeigt. Ob mit Nagetieren oder anders, mir ist das einerlei. Hauptsache, es hört möglichst bald auf. Dann wird es hier auch endlich was Vernünftiges zu essen geben im Gasthaus.

Die Vereinsvorsitzende kommt an unseren Tisch, wir müssen uns noch in die Anwesenheitsliste eintragen. Ich will mich aus der Affäre ziehen mit dem Hinweis, dass ich nur der Anhang bin, mit alldem gar nichts zu tun habe, aus Westfalen komme. Aber die Dame bestimmt resolut, dass ich schließlich die Tochter eines Vertriebenen geheiratet habe, damit gehöre ich jetzt nun einmal dazu, ich sei jetzt sozusagen auch ein Vertriebener. Was soll's. Ich hinterlasse sogar meine E-Mail-Adresse. Damit bekomme ich ab jetzt den elektronischen *Böhmerwald-Boten*. Daraus werde ich stets entnehmen können, welcher ehemalige Neuerner nun wieder das Zeitliche gesegnet hat. Es wird, da bin ich mir sicher, einer der wenigen Newsletter sein, bei dem man sich um das Abbestellen keine Sorgen muss. Weil man sich sicher sein kann, dass er eines nicht mehr allzu fernen Tages von ganz allein nicht mehr kommen wird.

Kindheitserinnerungen

Mandana Katebian

Für Yasmin, Daryush, Senaida, Imzadi, Cyrus,
Emilia, Micha und Wolf

Vor Kurzem habe ich ein uraltes Heft mit einer mehr als dreißig Jahre alten Notiz von mir gefunden, die ich genau an meinem dreizehnten Geburtstag niedergeschrieben habe. Ich erinnere mich, dass ich ein seltsames, etwas einsames, etwas trauriges Kind war, und ich war sehr gespannt darauf zu erfahren, was die zerrüttete Seele meines dreizehnjährigen Ichs der Nachwelt mitzuteilen hatte. Es war Folgendes:

»Ich war gestern auf Claudias Party. Es gibt nichts Ekelhafteres als Teenagerschweiß. Ich frage mich, wie lange wir wohl noch so durch unser Leben stinken müssen. Scheiß Pubertät.

P.S.: Ich habe heute Geburtstag und wünsche mir, nicht mehr zu stinken wie 'ne Dreizehnjährige.«

Und da glaubt man heutzutage, man habe Probleme. Ich war damals also schon genauso bekloppt wie heute. Mit dieser Notiz kamen dann noch weitere Erinnerungen an meine Kindheit in mir hoch, und an meinen Vater. Mein Vater ist Iraner. Das heißt, früher war er Iraner, heute ist er verwest. Aber bevor mein Vater ein Kadaverchen wurde, war er Iraner und wir einander sehr ähnlich. Er neigte genauso stark zur Melancholie und Traurigkeit wie ich. Auch er verbrachte viel Zeit damit zu grübeln, auch er fühlte sich am wohlsten, wenn er für sich alleine sein konnte und so wenig äußeren Reizen wie möglich ausgesetzt war, und genau wie ich, ist er trotz allem immer eine Göre geblieben und war Zeit seines Lebens eine unglaublich alberne Bratwurst. Außerdem war er genauso bekloppt wie ich.

So richtig bewusst wurde mir das aber leider erst, nachdem er schon gestorben war. Also nicht, dass er bekloppt war, das wusste ich schon immer. Aber wie ähnlich wir einander waren, wurde mir erst nach seinem Tod richtig bewusst.

Leider haben wir Geschwister die persische Sprache nie gelernt. Nur sehr wenige, vereinzelte Worte, die dann allerdings so sehr in unseren allgemeinen Sprachschatz eingebaut waren, dass uns überhaupt nicht bewusst war, dass es sich dabei gar nicht um deutsche Wörter handelte. Wie beispielsweise der Begriff »Bubul«. Das bedeutet auf Deutsch in Kindersprache das männliche Zentralmassiv. Da unten. Wie dem auch sei, mir kamen also wieder jede Menge Kindheitserinnerungen hoch. Eine im Besonderen, weil mein Verliebter sie so lustig fand, dass er mich gezwungen hat, sie aufzuschreiben. Ja, Mann, Schnauze, ich schreib's ja auf.

Damals lebten wir eine Zeit lang in Lippstadt in Nordrhein-Westfalen. Ich habe unglaublich klare Erinnerungen an diese Zeit, obwohl ich damals so arschwinzig war. Manchmal hing ich mit meinen Geschwistern, oft aber auch alleine, vor oder in der katholischen Kirche die Straße runter ab. Unsere Familie war weder gläubig noch Teil der Kirchengemeinde, wir hatten nichts damit zu tun, sondern waren einfach nur hin und wieder dort. Coole Kids halt. Keine Ahnung, was uns so sehr an diesem Kackladen fasziniert hat, ich glaube, bei mir war es insbesondere das Weihwasser. Ich erinnere mich, dass ich mich unentwegt bekreuzigt und dabei das Gebet aufgesagt habe, das unsere Uroma uns beigebracht hatte und so ging: »Allah ist groß, Allah ist mächtig, wenn er auf'm Stuhl steht, ist er eins sechzig«. Wir wurden zähneknirschend geduldet, weil wir niemanden wirklich störten, sondern uns immer nur an diesem Kack-Weihwasserbecken aufhielten. Bis zu diesem denkwürdigen Ereignis, als ich vier Jahre alt war. Ich spielte wieder einmal vor der Kirche, als ich auf der Erde ein merkwürdiges Gebilde fand. Aus heutiger Sicht nehme ich an, dass es einfach nur ein länglich geformter Stein war, aber meine dämlichen Kinderaugen erkannten das nicht. Ich war außer mir vor Aufregung, nahm den Stein, rannte damit in die Kirche direkt zum Prediger, der gerade auf der Kanzel stand und seine Messe abhielt, und schrie aus Leibeskräften: »Ich habe Jesus' Bubul gefunden!« Das ist die wahre Geschichte, wie ich als Vierjährige Hausverbot in der katholischen Kirche bekam. Ich bin mir nicht sicher, ob es mittlerweile aufgehoben wurde. Kinder sind schon echt bekloppt.

Wo wir gerade bei bekloppten Kindern sind, fällt mir ein Erlebnis vom vorletzten Sommer ein, als ich in Moabit unterwegs war. Ein paar Meter vor mir lief eine Mutter mit ihrem Jungen, den ich, seiner Größe nach zu urteilen, auf etwa vier bis fünf Jahre schätzte. Der Kleine meckerte und zeterte wie eine alte Bergziege, während die Mutter schweigend neben ihm herlief. Bestimmt wieder so ein kleines Mistvieh, dachte ich, das das Leben seiner Eltern bestimmt. Die blöde Göre sagt, wie die Dinge zu laufen haben, und die Eltern haben sich danach zu richten. Vermutlich wollte der Junge irgendeine Süßigkeit oder ein Spielzeug haben, und die Mutter hat sich ausnahmsweise mal durchgesetzt mit ihrem »Nein«. Und mittlerweile ärgerte sie sich wahrscheinlich maßlos über ihr Durchsetzungsvermögen. Ich lief schneller, um besser zu hören, und da verstand ich schließlich, worum es dem Kleinen eigentlich ging. Er zeterte: »Fucking Putin! Der hat schon das größte Land der Welt!

Wenn ich den sehen würde, würde ich dem so eine scheuern! Ich verstehe nicht, warum den noch niemand abgeknallt hat ...« Ich war beeindruckt. Hätte es doch bloß schon Kinder gegeben, als ich klein war.

Aber, wie bereits erwähnt, musste ich in letzter Zeit auch wieder viel an meinen dusseligen Vater denken. Was für die meisten Menschen wahrscheinlich zu den ersten Dingen gehört, die sie mit Iranern assoziieren, weil es ganz einfach in ihrem kulturellen Erbe liegt, ist ja, dass die Iraner alle einen gewissen Dachschaden haben. Die AfDler finden das auch. Aber die haben ja auch nicht mehr alle Haken am Kreuz. Na ja, wo war ich? Die Iraner haben einen Dachschaden. Allen voran mein Vater, dicht gefolgt von mir. Und jetzt, da mein Vater sein olles Pupsloch zugekniffen hat, bin ich an die Spitze gerückt.

Mein Vater hatte viele Eigentümlichkeiten. Dass er beispielsweise die Katze staubsaugte, weil »Katze muss immer gesaugt werden«, war nur eine davon. Beim Essen, zum Beispiel, hatte er auch seine speziellen Vorlieben, die ich aber nicht alle mit ihm teilte. Wer die persische Küche kennt, weiß, dass sie sehr fein, sehr aromatisch ist und manchmal schon beinahe weich im Geschmack. Fast so weich wie ich in meiner Birne. Mein Vater war ein ausgezeichneter Koch. Aber manchmal überkam es ihn plötzlich, und dann wollte er eben doch lieber einen saftigen Brathähnchenarsch essen, den er dem armen Vieh abdrehte, mit den Worten: «Iesch färrässe einfach. Arrsch is beste von Huhnschinn.« Na dann.

Politisch wiederum war er genauso versiert wie ich. Er wusste seine Ansichten, Theorien und Überlegungen geradezu fachmännisch zu analysieren. Als ich ihn damals fragte, was er davon hielt, als Ahmadinejad die Präsidentschaftswahlen gewonnen hatte, lautete seine Antwort: »Ach! Scheise Arrschloch! Er kann nieschts, er kann nur pupen!« Ja. Vielleicht sollte man das Ganze auch einfach mal aus der Perspektive betrachten, wie wär das denn mal?

Was mein Vater besonders liebte, war, mich vor anderen Leuten zu blamieren. Einmal hatte er einen Schlaganfall. Zwar nur einen leichten, aber einen Schlaganfall. Zu dem Zeitpunkt wussten wir aber noch nicht, dass es ein Schlaganfall war, und saßen gerade im überfüllten Warteraum der Ersten Hilfe des Urban-Krankenhauses, als es ihm plötzlich einfiel, mich ja eigentlich auch mal wieder ordentlich stänkern zu können. Und so fragte er mich völlig aus dem Nichts heraus, lautstark vor allen Anwesenden, ob ich denn schon wieder Dünnschiss habe. »Hast du wieder Durrschfall? Iesch hab Immodium zu Hause. Kannst du nachher färrässän.« Na ja, wenigstens mein Vater hat sich während seines Schlaganfalls köstlich amüsiert.

Wahrscheinlich habe ich es da auch von meinem Vater, dass ich mich die meiste Zeit über so unmöglich benehme. In gewisser Weise bin ich ja irgendwie sowieso viel mehr Kerl als Tussi. Ich meine damit nicht Transgender, oder wie diese ganzen modernen Dinge alle heißen. Nee, ich meine nur, dass ich von Natur aus, sagen wir mal, einen gewissen Habitus an den Tag lege, den viele Menschen vielleicht nicht unbedingt sofort von einer Tussi erwarten würden. Zumindest nicht diejenigen mit stereotypen Ansichten darüber, wie Frauen zu sein haben. Ich hab' ein Mundwerk wie ein Fuhrknecht, ich fluche und ich rülpse das Alphabet. Mein Verliebter sagte einmal zu mir: »Du bist eine ganz besondere Frau. Und zwar nicht nur, weil du 'n Kerl bist«. Seine Erklärung dafür, weshalb er mich liebe, war auch nicht zu verachten. Weil ich nämlich die wesentlichsten Merkmale sowohl seiner Mutter als auch seines

Vaters in mir vereine. Ich sei »ein depressiver Bauarbeiter«. Arschloch.

Meine Kleidung. Noch so ein Ding. Ich will nicht behaupten, dass ich mich kleide wie ein Kerl, aber so richtig, richtig dolle fraulich, ich meine, so mit Weiberbotten und so, bekomme ich irgendwie nicht mit mir in Einklang. Weiberbotten sind die Botten mit den Weibern dran. Haha. Ich meine mit Absätzen. Obwohl ich es immer mal wieder versuche. Zu besonderen Anlässen. Da stand ich dann vorm Spiegel, in einem Abendkleidchen, mit Weiberbotten, und kam mir vor wie 'n Transvestit. Ich konnte mich jedenfalls selbst kaum wiedererkennen und war mir plötzlich unsicher, wer mir dort im Spiegel eigentlich gegenüberstand. Dass ich mich selbst nicht erkennen konnte, lag aber andererseits vielleicht auch nur daran, dass weiße Menschen für mich sowieso alle gleich aussehen. Aber wenn ich mich dann schon mal so richtig weibisch rausputze, erwarte ich dann auch von meinem Verliebten, dass er mir gefälligst sagt, dass ich aussehe wie die edelste und teuerste Prostituierte, die er je gesehen hat! Aber macht er ja nicht. Beschissener Feminist! Aber ich lenke schon wieder vom Thema ab.

Leider habe ich nicht nur lustige Erinnerungen an meinen Vater. Denn so sehr er seine Kinder auch liebte, und das tat er wirklich, ist es trotzdem nicht wegzulügen, dass er sie auch sehr häufig verkloppte. Und nicht zu knapp. Meine Mutter stand ihm darin in nichts nach, und so hocke ich heute also da, mit 'ner Beule im Gemüt, und die Tränen bleiben in meinem Schnurrbart hängen. Aber all das macht eigentlich nichts, denn dafür gibt es schließlich Psychologen, Psychiater und Alkohol. Den Ursprung und die Lösung sämtlicher Lebensprobleme.

Besuch in Berlin

Frank Sorge

Ich fühle mich oft sehr doof, doof wie in unfähig. Doof, wenn ich keine Bücher schreibe, aber auch doof, wenn ich welche schreibe. Ich fühle mich doof, wenn ich erst spät Dinge schlau machen kann, und weil ich gar keine Lust mehr darauf habe, besonders schlau zu sein. Es wird mir zu doof.

Ich fühle mich doof, wenn ich Wissen aus dem Internet in mich hinein stopfe, denn es ist unmöglich, das alles zu verstehen, aber ich futtere es wie den dritten Grillteller. Ich bin zu doof, mich zu entspannen, Unterhaltung finde ich doof. Es ist echt zu doof. Ich fühle mich doof, wenn ich nichts sage, und ich fühle mich doof, wenn ich etwas sage. Wäre es da nicht eigentlich besonders schlau, mir ein Schild anzupinnen: »Ihr könnt mir alles erzählen, ich glaube alles, ich bin doof«. Könnte es nicht befreiend sein, das einfach kundzutun? »Danke, sehr nett, aber erwarten Sie bitte nicht viel von mir, ich bin ziemlich doof.«

Ich hatte mal einen Verwandten, den alle immer für doof gehalten haben. Doof, wie in unfähig. Bei dem so vieles doof gelaufen ist, dass ein zerrüttetes Leben daraus geworden ist. Nur einmal habe ich ihn getroffen, und ich habe versucht, hinter die unbewegten Gesichtszüge zu blicken, einen winzigen Eindruck davon zu bekommen, wer dahinter wohnt. Aber es war zu kurz, sein Nuscheln war schwer zu verstehen, und ich war zu doof, zu ahnen, dass es keine weitere

Gelegenheit mehr geben würde. Er war sein ganzes Leben Hilfskraft auf einem Hof im Nirgendwo, für Kost, Logis und Taschengeld, für alles andere offenbar zu doof. Immer mit Vormund, nie war er frei. Im Grunde wie auf einem Gnadenhof, lebe hier, solange du lebst, aber erwarte nichts mehr vom Leben. Sei hier, mach den Stall, sei doof, bleib doof. Einmal im Jahr kam er nach Berlin, für ein paar Tage über Weihnachten, besuchte Verwandte, die ihn für ein paar Stunden aushielten, setzte sich dort an die Tische, aß mit und sagte nicht viel. Er wohnte immer im gleichen Low-Budget-Hotel in Neukölln, und was er außerhalb der Besuche in der Stadt machte, wusste niemand. Mutmaßlich saß er im Hotel und trank Bier, oder ging in eine der Kneipen in der Nähe und trank dort. Saß dort an einem Tisch, und jeder, der versuchte, mit ihm zu kommunizieren, hielt ihn für doof und ging wieder weg. So stelle ich es mir vor, eine doofe Vorstellung, aber so nah an der Realität, wie ich es mir ausmalen kann. Vielleicht war er dort, in einer Kneipe wie dem *Blauen Affen*, für ein paar Tage aber auch ein ganz anderer. Einer, den niemand kannte.

Die dicken Scheiben seiner Brille, die schlaffe Haltung, das Flanellhemd. Ich hatte Angst, ihm zu begegnen, deshalb war ich so doof, spät zu dem Treffen zu kommen und das meiste zu verpassen. Meinem Eindruck nach verfolgte er sehr aufmerksam, was passierte, aber konnte nichts aus seinem Inneren preisgeben. Er schien sich wohl zu fühlen, antwortete aber nur wortkarg, saß einfach da und hörte zu. Unbehaglich war es nur, weil uns schnell die unverfänglichen Fragen ausgingen und sich niemand traute, die harten zu stellen. Interessierte er sich überhaupt für uns, oder nahm er uns hin wie ein zufälliges Fernsehprogramm?

Ich saß jedenfalls da, sah ihn an und dachte: So sieht man also aus, wenn alles doof gelaufen ist. Wenn man schon als kleiner Junge von der Mutter weggeben worden ist, und es danach immer nur bergab ging. Ich hatte einen guten Vergleich, denn er hatte einen kleinen Bruder, der mehr Glück gehabt hatte, eine Adoptivfamilie zu finden, er selbst war nicht vermittelbar gewesen. Mein Vater und er saßen nebeneinander wie Zwillinge, die auf verschiedenen Planeten aufgewachsen waren.

Vom Gnadenhof hörte man, dass er Gutes von den Besuchen in Berlin berichtete, dass er sich darauf freute, dass er dafür sparte, dass es das Einzige wäre, was er sich im Jahr an Freizeit überhaupt herausnahm und gönnte. Die Verwandten zu besuchen, denen es nicht so ergangen war, denen er lästig wurde, ein Faktotum, ein Familiengeist, dennoch eine Verbindung ohne Wenn und Aber. Familie ist Familie ist Familie. Doof?

Ich war zu doof, um mehr zu fragen, mehr zu erfahren. Im nächsten Jahr kam er nicht mehr, da war er tot. Mein Vater versucht bis heute, das Erbe anzutreten, auch wenn es nur Schulden sein sollten, aber die Sache stockt, weil der leibliche Vater der beiden und damit verbundene weitere Erben nicht ermittelt werden können. Bis zuletzt läuft alles doof, und dann bin ich auch noch so doof, das alles aufzuschreiben.

Der Heilige Geist in den Schafen, Morgenvögeln und im Arsch

Falko Hennig

PENG! Ein Schuss aus nächster Nähe von Horst trifft mich volle Kanne ins Gesicht, sodass die Oberlippe minutenlang taub bleibt. Ich bin im Arsch und glaube, mein Auge müsste geplatzt sein. Wäre es eine Kanonenkugel und kein Ball gewesen, wäre ich mit dem Heiligen Geist in den Himmel über Berlin aufgestiegen.

Pfingsten ist bekanntlich die Ausschüttung des Heiligen Geistes, und zwar nicht des Heiligen Himbeergeistes. Mein Höhepunkt ist das Fußballspielen zu Pfingsten, denn der Heilige Geist muss in mich geschüttet worden sein, weil ich das Spiel meines Lebens spiele, das beste, es ist gar nicht zu glauben, wie mir bei der zweiten und dritten Partie plötzlich alles gelingt: fünf traumhafte Tore!

Ich setze mich nur Plüschgewittern aus, keine Kanonenkugel, sondern ein Ball mit Berliner Luft darin, und wie privilegiert ich bin, wird mir noch klarer, als ich zu später Stunde eine Dokumentar-Orgie feiere. Knapp sieben Stunden über den Amerikanischen Bürgerkrieg von Ken Burns. Es war ein Massaker an mehr als 600.000, und die letzten Worte des verstümmelten Südstaatengenerals waren: »Wir überqueren den Fluss und rasten im Schatten des Baumes.«

Wenn ich mir was wünschen dürfte, wären meine letzten Worte: »Wir überqueren den Jordan und rasten im Schatten des Baumes.« Und dann die Schlagzeile in der BILD-Zeitung:

»SAMMELTE 60 JAHRE LANG SCHREIBMASCHINEN – UND STARB.«

Zum Frisör muss ich eigentlich dringend, und ich kann froh sein, dass Frisöre keine plastischen Chirurgen sind:

»Bitte entfernen Sie diese Muttermale!«

»Sehr gern!«

»Verdammt, Sie haben mir ja beide Hände amputiert!«

»Ja, Ihre Hände waren etwas splissig.«

Der Heilige Geist ist wie Gott oder die Liebe, er ist überall, er ist alles, er ist der Atem des Lebens, und so ist er auch in den Schafen auf der Max-Schmeling-Halle, wo für die Nachhaltigkeit sogar Bienenvölker angesiedelt wurden und Morgenvögel. Es sind 15 Schafe, früher angeblich Guteschafe oder Gotlandschafe aus der Döberitzer Heide. Seit 2019 werden die Schafe einmal im Jahr für einen längeren Zeitraum auf die Dächer der Halle gelassen. Sie bleiben so lange, bis alles weggefressen ist. Die *Berliner Zeitung* schreibt, es seien »Haarschafe, eine Rasse, die sich selbst zu scheren weiß.«

Kann ich diese Schafe meinen Gästen aufbinden? Es muss sich um einen verspäteten Aprilscherz handeln, Haarschafe, die sich mit ihren Klauen selber scheren? Sie müssen nicht geschoren werden, das ist gemeint, und ich gucke sie mir an. Tatsächlich, ihre Wolle hängt und geht von alleine von den Schafen runter. Jetzt muss mir nur noch ein Wortspiel mit »haarscharf« oder »haarscharf daneben« einfallen, und die nächste Geschichte ist fertig.

Das mit den Schafen, Bienen und Morgenvogelhäuschen stimmt, aber ich lüge auf meinen Touren auch viel. Wenn ich an der Museumsinsel gefragt werde, wofür diese Rohre über die Straßen sind, dann sage ich:

»Füchse! Das sind die Berliner Fuchsrohre. Jede Straße in

Berlin hat inzwischen ihren Fuchs, und damit die Füchse heil durch die Stadt und besonders über die viel befahrenen Straßen kommen, gibt es überallhin diese Fuchsleitungen, die meisten unterirdisch, aber an der Spree, wo es sehr sumpfig ist, lieber oberirdisch.« Auf den Leitungen am Schinkelplatz steht deutlich »Füchse Berlin«, wer könnte die Wahrheit meiner Ausführungen in Frage stellen?

Ganz in der Nähe zeige ich auch gern das Haus, in dem 1642 Microsoft gegründet wurde. Nur wenige erkennen, dass dieses Gebäude eigentlich deutlich jünger ist.

Manchmal habe ich Gäste dabei, die sich auskennen, und dann frage ich nach:

»Stimmt es, dass Freiherr von Richthofen 200 englische Flieger vom Himmel geschossen hat?«

»80!«

»Aber dann wurde er selber von einem englischen Flieger abgeschossen?«

»Von einem australischen Infanteristen.«

»Genau das meinte ich!«

Jeden 23. des Monats gehe ich, wenn möglich, zu *DEO*. *Des Esels Ohr* bedeutet diese Abkürzung, und das ist für Freunde der *Reformbühne Heim & Welt* verwirrend, denn es ist eine Frauenlesebühne, und es gibt auch noch ein anarchistisches Frauenjodelduo, das den Namen *Esels Alptraum* hat. Bei beiden Ensembles besteht für mich der Reiz, neben der höchsten Qualität der vorgetragenen Unterhaltungskunst, darin, dass die Protagonistinnen schöne Frauen sind. Wären sie schöne Männer oder schöne Transen, es wäre nicht schlimm. Aber *DEO* ist die von schönen Frauen betriebene beste Lesebühne der Welt, aber mit Einschränkungen. Denn ich kenne ja nicht alle Lesebühnen der Welt, und so kann es durchaus eine geben, die noch viel besser ist. Von *DEO* ist Franziska Hauser die schönste Frau, ebenso wie Susanne Schirdewahn, ebenso wie Vanessa Karé, und auch Kirsten Fuchs ist die schönste Frau, gefolgt dann aber von Heiko Werning. Heiko Wernings Erscheinen hier ist auffällig und eine Premiere, und wäre er bei einer Herren-Lesebühne zu Gast, dann hätte bestimmt er die Attraktivitäts-Liste angeführt. Ich bin nicht der Meinung, dass Frauen an sich attraktiver sind als Herren. Und alle Attraktivität nützte rein gar nichts, wenn sie nicht mit grandiosen Texten einherginge, und so ist es aber hier und so ist es eine Lust.

Es geht bei *DEO* ums Umziehen aufs Land, um Kleingärten, Spätis, um weibliche Orgasmen und die Vorzüge tantrischer Techniken dafür. Die Zustände in Berlin angesichts der explodierenden Mieten sind schlimm, so ziehen inzwischen Eltern aus ihren Wohnungen und aufs Land, damit ihre Kinder ihre eigenen vier Wände haben können. Aber eigentlich hört sowieso keiner zu, denn nach *DEO* wird eine halbe Stunde getanzt, und alle freuen sich nur aufs Tanzen.

Ich tanze Swing-Pogo mit freiem Oberkörper, und zwar zum ersten Mal in meinem Leben. Es ist sehr angenehm, weil der Schweiß so großflächig kühlen kann, wie es sich Mutter Natur für uns Tanz- und Renn-Affen gedacht hat, anstatt einfach nur mein T-Shirt vollzusuppen. Vielleicht werde ich das ab jetzt immer so machen.

Das Echo ist positiv, niemand zieht meine schwache Oberkörpermuskulatur ins Lächerliche oder macht sich über mein durch die Einpflanzung eines Rohrs entstelltes Schlüsselbein lustig.

Es waren und sind immer die besten Lesebühnen, in oder nach denen getanzt wird. Das waren früher die *Surfpoeten* und die *Reformbühne* im *Kaffee Burger* mit der Disko danach, jetzt ist es nur noch *DEO*, und wenn der Sinn des Menschen auf der Erde nicht das Tanzen ist, dann hat der Mensch überhaupt keinen Sinn.

Tanzen und Spielen, nicht Töten und Morden, machen uns aus.

Spielen, vorm Fußball vergleichen Martin und ich unsere Bräunungsgrade, Garten- gegen Fahrrad- und Fußballbräune, bei Simon nur Altersflecken, Mumientango! Ronny hat sich die Wirbelsäule gebrochen, und deshalb wachsen die Haare am Kopf jetzt an der falschen Seite raus.

Man kann sich Berlin als Arsch vorstellen, dann ist die Spree in ihrem Spreetal die Arschritze, die rechte Arschbacke ist der Teltow und die linke ist der Barnim.

Die *Baiz* ist auf dem Barnim sowas wie ein Pickel auf der linken Backe, die Lottumstraße ist schon in der Ritze und meine Freundin Anja wohnt in Tempelhof, das ist auf dem Teltow und damit auf der rechten Arschbacke.

Das heißt, ich muss noch etwas die linke Arschbacke in die Ritze nach unten fahren, übers Arschloch Museumsinsel und die rechte Arschbacke wieder hoch, die durchs Tempelhofer Feld ziemlich nackt ist. Jedenfalls für eine Großstadt.

Berlin hat, wenn wir bei dieser Metapher bleiben, einen sehr flachen Arsch. Mit dem Auto merkt man nicht einmal, wenn man von der Ritze auf eine der Arschbacken rauffährt, aber mit Fahrrad.

Als Berlin gegründet wurde, da war es nur das Arschloch. Inzwischen bleibe ich in Groß-Berlin, wenn ich von einer Arschbacke zur anderen radle. Ich radle endlich mal wieder zum Spieleabend zu Anja.

Wir spielen zu viert Blätterdach, eine ziemlich pfiffige Variante von Mikado als Kartenspiel, dann ein in Entwicklung begriffenes Telefonspiel und zwei Evergreens: Karambolage und Riff Raff.

Kurz vor Mitternacht bin ich zurück an der Barnimkante, wo die Ritze des Berliner Arsches endet und sich die Backe erhebt.

Heute fahre ich die Backe hoch zur *Baiz*.

Brief in die Vergangenheit

Ahne

Hallo. Wie geht es euch? Mir geht es gut. Also, na ja.

Wir schreiben das Jahr 4.774. Es kann auch das Jahr 3.299 oder das Jahr 2.611 sein, bei so hohen Zahlen kommt man schnell durcheinander. Außerdem spielt die Zeit ja keine Rolle mehr. Der Tod ist besiegt. Jeder kann so alt werden, wie er möchte. Ohne Beschwerden. Denn die Beschwerden sind ebenfalls besiegt. Ja, es gibt keine Krankheiten mehr. Kein Rücken, kein Drücken, kein Kater danach. Gegen die Langeweile gibt es Tabletten. Gut, gab es früher auch, nannten sich Drogen. Doch die Tabletten, die es jetzt gibt, verursachen keinerlei Nebenwirkungen. Sie machen nur die Langeweile weg, und das ist wichtig, denn eigentlich müsste alles langweilig sein, ohne den Tod, ohne die Beschwerden. Klar, man gibt sich Mühe, sorgt für Abwechslung. Es existieren Vergnügungsparks, an jeder Ecke. Überall stehen Massageautomaten, für Kopf, für Fuß, in Stadt und Land, perfekt in die Natur integriert, sodass sie gar nicht weiter auffallen. Du kannst mit Raketen umherfliegen, die mit Gedankenenergie betankt werden. Klimaneutral. Du kannst zum Mond fliegen. Zur Sonne. Geht alles. Das bisschen Hitze macht den heutigen Werkstoffen aus gehärtetem Hanf, Teufelszeug, nichts aus. Du sitzt da drin, in der Rakete, in einer angenehm temperierten Lounge, schlürfst eisgekühlte Tabak-Schnaps-Smoothies, lecker und gesund, weil ungesund gibt's nicht mehr, und betrachtest durchs Bullauge die Aktivitäten der Sonnenflecken. Beeindruckend, wenn man sie noch nie gesehen hat. Wenn man sie schon tausend Mal gesehen, na ja, dann nimmst du eben 'ne Tablette, schon ist es wieder beeindruckend oder lustig, je nachdem für welche Geschmacksrichtung du dich entschieden hast. Du kannst mit der Rakete auch zum Mittelpunkt der Erde oder dorthin, wo sich das eine Ende des Universums mit dem anderen Ende des Universums trifft. Das haben viele nicht begriffen, lange Zeit. Die Unendlichkeit des Universums, sie galt als in Stein gemeißelt, ein Dogma, alles andere, hieß es über etliche Jahrhunderte, sei Religion. Aber wenn man erst mal da ist, wo das eine Ende des Universums das andere Ende des Universums berührt, zärtlich übrigens, falls mir die Zwischenbemerkung gestattet sei, dann versteht man das schon. Dann fällt es einem wie Schuppen von den Augen: »Ach so. Natürlich! Kann ja gar nicht anders sein. Wieso sind wir da nicht gleich drauf gekommen?«

Da kann man auch hin. Da sind auch immer viele. Vielmehr, da waren immer viele. Als das noch neu war, mit der Erkenntnis. Manche fliegen auch in sich selbst hinein. Das geht ebenfalls, mit der Rakete. Mindestens seit 1.000 Jahren geht das schon. Oder seit 5.000? Kommt drauf an, welches Jahr wir gerade schreiben. Man kann ja mittlerweile seine Persönlichkeit spalten, nicht nur mental, auch physisch. Man kann sich duplizieren, so oft man will. Sorgte anfangs für ordentlich Gewimmel, wie das bei Neuem immer der Fall ist. Ausprobieren. War beim Internet auch nicht anders. Und beim Auto. Und beim Feuer. Inzwischen dupliziert man sich aber nur noch, um mit der Rakete in sich hinein fliegen zu können, minimiert natürlich, sonst würdest du ja in der Speiseröhre stecken bleiben, spätestens. Man kann auch in andere Menschen rein, da musst du allerdings fragen. Gehört sich so. Hat sich aber schon immer so gehört, glaube ich.

Ansonsten, wie gesagt, ist alles gut. Es gibt keinen Krieg mehr, keine Umweltverschmutzung, keine Armut, jede und jeder kann das bekommen, was sie oder er will. Man glaubt überhaupt nicht, wie gering unsere Bedürfnisse sind, kriegen wir alles, was wir wollen. Zu Beginn, als das möglich war, horteten die Leute noch Gold und Edelsteine und Raketen, bis sie bemerkten, es ist nicht nur lächerlich, sondern darüber hinaus auch äußerst unpraktisch. Überall türmten sich Haufen von Gold, von Edelsteinen, von Raketen. Man wusste gar nicht mehr, wohin mit dem Zeug, und überhaupt, was sollten die Nachbarn sagen. So nach und nach verschwand das Messietum wieder, und heute findet man Gold eigentlich nur noch in der Zahnmedizin.

Was uns fehlt, sind Kinder. Weil kaum jemand stirbt, wird auch kaum jemand geboren. Es ist nicht verboten, Kinder zu bekommen. Es hat sich so eingebürgert. Du hast alles, du bist satt, du bist gesund, du bekommst Tabletten gegen die Langeweile. Solch ein Leben möchtest du anderen vielleicht ersparen. Unbewusst. Also, vermute ich.

Manche besitzen die Kraft, sich aus freien Stücken zu verabschieden. Keine Ahnung, ob mir das je gelingen wird. Immer wieder verschiebe ich es. Auf morgen. Auf übermorgen. Auf den 31. Mai des nächsten Jahres. 4.775 haben wir dann. Oder 2.612? Bei solch hohen Zahlen komme ich schnell durcheinander. Noch mal die Aktivität der Sonnenflecken beobachten. Noch mal den eigenen Dickdarm besuchen. Sich von allen gebührend verabschieden. Von jedem Einzelnen. Lang und breit. Den Wind noch mal spüren. Die Blumen noch mal gießen. Hat man auch wirklich nichts vergessen?

Liebe Menschen aus der Vergangenheit. Ich wünsche euch ein schönes, ein endliches Leben. Sicher werdet ihr es noch nicht zu würdigen wissen, aber seid versichert, es gibt Menschen, die euch beneiden. Einer davon führte hier die Feder.

2.
Die Sonne scheint, Regen fällt, dunkel ist es in der Welt

Eine Geschichte für starke Nerven

Spider

»Glaubst du, meine Eltern machen mir ein Geschwisterchen?«

Meine eigenen Kinder waren mittlerweile groß, der Ältere
hatte neuerdings Abitur. Der Kleene immerhin Aussichten
auf einen Wohnplatz in einer Einrichtung. Ich war jedes Mal
dankbar, wenn ich auf die Nachbarstochter von ganz oben
aufpassen konnte, Lisa, ein gewitztes Mädchen in der ersten
Klasse. Es besuchte mich, half mir mit dem Aquarium, wir
aßen Götterspeise und guckten Zeichentrickfilme: *Hase und
Wolf – Nu Pogodi*! Unvermittelt fragte sie mich: »Glaubst du,
meine Eltern machen mir ein Geschwisterchen?« »Was?
Wie? Wann?« »Na jetzt gerade. Die sind ohne mich oben in
der Wohnung. Die machen doch irgendetwas. Vielleicht haben sie sich ganz doll lieb. Das haben sie mir nämlich so erklärt. Kennst du das nicht?«

Ich wusste natürlich, was die beiden da oben trieben, bei
dem die Kleine nicht dabei sein sollte. Sie guckten einen Horrorfilm. »Kann sie so lange zu dir«, hatte mich Micki gefragt,
»das ist doch nichts für ein Kind. Der Film soll sehr gut sein,
Spezialeffekte und so, und die Story, aber das ganze Blut und
die Monster und selbst, wenn sie in ihrem Zimmer bleibt,
würde sie ja doch die Schreie hören ...« »Na, nicht dass die
Nachbarn die Schreie falsch einordnen.« »Die gucken ja mit,
das sind ja auch so 'ne Horrorfans, so wie wir. Und die von

unten drunter auch, die sind auch mit von der Partie.« Wie es schien, war das ganze Haus am Filmnachmittag dabei. Außer ich natürlich. »Spider, du kannst ja leider nie, du musst doch immer auf deinen Behinderten aufpassen. Und Lisa ist immer gerne bei dir.«

Lisa hatte einen schönen Nachmittag und fragte gerade: »Glaubst du, meine Eltern machen mir ein Geschwisterchen?« »Ha ha, nein, eure Nachbarn sind auch da und die von unten drunter auch.« Lisa klatschte vor Begeisterung in die Hände: »Dann gibt es bald drei kleine Babys!« »Nein, nein, die gucken zusammen einen Film. Aber das ist ein Film für Erwachsene. Den dürfen Kinder nicht sehen, weil er ganz schrecklich und gruselig ist und Kinder vielleicht Angst bekommen, wenn sie den sehen.« »Und warum gucken Erwachsene Filme, wo man Angst bekommt?« »Tja, das macht manchmal Spaß, in der Fantasie, weißt du, wenn man weiß, dass es nur ein Film ist, dann machen böse Sachen manchmal Spaß. Das nennt man Horrorfilm.« »Gibt es auch Horrorfilme für Kinder?« »Natürlich nicht.« »Das ist ungerecht! Immer nur für die Großen.«

Hatte ich schon erwähnt, dass mein Nachbarskind sehr aufgeweckt ist? Umgehend begann es, ein Drehbuch für einen kindgerechten Horrorstreifen zu entwerfen. »Gleich am Anfang kommt eine ganz schlimme Szene: Die Mama kämmt dem Kind die Haare. Da werden die meisten schon nicht mehr weitergucken. Nur die Mutigen. Dann muss das Kind eine Strumpfhose anziehen. Es wird alles immer schlimmer. Sie gehen nämlich zu einem Arzt, wo das Kind eine Spritze bekommt. Jetzt denkt das Kind, schlimmer kann es nicht mehr werden. Aber sie gehen nach Hause, und die Mama hat Rosenkohl gekocht. Mit als Beilage Brokkoli. Und es gibt

Fleisch mit Fettrand. Aber das Kind hat Glück. Als die Mama nicht aufpassen kann, weil sie im Badezimmer auf Toilette kacken muss, kann das Kind alles aus dem Fenster schmeißen.« Dieses Mädchen hatte ja eine blühende Fantasie. Oder hatte es sich von der Realität inspirieren lassen? Manchmal lagen tatsächlich Lebensmittel und Porzellanscherben auf dem Gehweg vor unserem Haus. Ich hatte dabei ehrlich gesagt immer an die Ausländer aus der 19A gedacht. Das sind, glaube ich, Schweizer.

»Als die Mama fertig gekackt hat, denkt sie, das Kind hat alles aufgegessen. Das Kind denkt, das Gruselige ist alles vorbei. Aber am Abend muss es Haare waschen, und dann macht der Papa dem Kind eine warme Milch, und oben drauf ist eine ganz dicke Milchpelle.« Die Kleine machte eine Kunstpause. Ich frage: »Und dann?« Lisa guckte wichtigtuerisch: »Das kommt in Teil 2.«

Wie auf Verabredung klingelte mein Handy. Micki sagte, sie seien fertig, Lisa könne hoch kommen. Sie verabschiedete sich artig. »Komm bald wieder«, bat ich sie, »und erzähle mir den 2. Teil!« Sie versprach es mir. Die Jugend von heute ist ziemlich abgebrüht.

Ein offenes Ohr

Frank Sorge

Zwei junge Frauen unterhalten sich in der Straßenbahn, sie stehen an einem Ausgang. Ich belausche übrigens keine Gespräche im öffentlichen Nahverkehr, sie drängen sich an mein Ohr. »Dieser Typ, weißt du, ich hasse den voll!«

Auf mich zeigt sie nicht, sie meint jemand anderes, jemand Vertrautes, vielleicht von der Arbeit. Keine Ahnung, was er gemacht hat oder macht, vermutlich das, was viele Männer gegenüber jungen Frauen automatisch gut können: unangenehmes Anmachen, Runterputzen, Glotzen.

»Ich hasse den so, Digga, das glaubst du nicht.«

Ich glaube ihr, fürchte aber, dass die strukturellen Probleme dahinter nicht so schnell verschwinden werden. Selbst, wenn sie ihn abserviert oder die passenden Grenzen aufzeigt oder die Kommunikation einstellt, kommt da immer wieder jemand, der sich als Hassobjekt eignet. Hass ist eine Spirale mit eigenem Kausalmotor: Du hast mich angemacht, ich hab dich beleidigt, du beleidigst, ich hasse, du hasst. Diese Kreisläufe muss man doch auch irgendwie unterbrechen können, nicht, weil man sonst mitverantwortlich wird an der Eskalation, sondern für den eigenen Blutdruck und damit sie ins Leere laufen. Die junge Frau schaut aus dem Fenster, ihre Augenbrauen hochgezogen, ihr Kessel dampft, sie sieht sich in der Straßenbahn um.

»Ach, weißt du? Eigentlich hasse ich alle Menschen!«

Die Freundin nickt, sie steigen aus.

Im Frühjahr bin ich von einem Wochenendtrip mit der Familie alleine früher nach Berlin gefahren, vermutlich um rechtzeitig bei der *Reformbühne* zu sein, und schlug mich mit meinem Deutschlandticket durchs Verkehrsunterholz zwischen Thüringen und Sachsen-Anhalt. Die Vogtlandbahn hatte gerade an einem Kreuzungsbahnhof gehalten, und eine kleine Handvoll Fahrgäste stieg um für die Weiterfahrt. Ich saß irgendwie allein hinter einer Ecke, ein einzelner Mann war noch in den Waggon mit eingestiegen, der recht offenkundig einer der vielen Flüchtlinge war, über die pausenlos geredet wird. Ein mittelalter arabisch wirkender Mann auf dem Weg in die nächstgrößere Stadt, Sonntag mittags. Der Zug wartete noch einen Moment auf einen anderen Anschluss, ein Grüppchen Jugendlicher kam herüber und stieg mit ein. Vier Mädchen aus der Region, noch nicht volljährig, weiße, schlabbrige Sportklamotten. Es dauerte kaum eine oder zwei Minuten, da fingen sie an, den Mann lautstark anzugehen. Er solle gefälligst woanders hingucken, oder am besten gleich in sein Land zurückgehen.

»Ey, was hab ich denn gemacht?«, wehrte sich dieser.

»Na, du glotzt hier rüber.«

»Denkst du, ich interessier mich für euch, oder was?«

So ungefähr ging die Konversation weiter, die um die Ecke von meinem Sitzplatz auch an Lautstärke zunahm. Da der ganze Waggon leer war, konnte man auch von hier gut folgen. Warum sie überhaupt so nah beisammen saßen, um in Konflikt zu geraten, erschloss sich von hier aus nicht. Oder was nun wirklich vorgefallen war. Sie waren halt eingestiegen und hatten sich auf einen Vierer gesetzt, irgendwo schräg dahinter saß der einzelne weitere Fahrgast, und der guckte natürlich, wer sich da hinsetzte. Ich kann mir auch gut vorstellen, dass er zwei- oder dreimal geguckt hat, und sie genauso, und er dem Gespräch der Mädchen akustisch nicht entgehen konnte. Die Wortführerin ließ es sich jedenfalls nicht nehmen, zu stänkern, dass er so nicht mit ihnen reden solle, das könne er mit seiner Salome machen.

Das war nicht geeignet, die Situation zu entschärfen, und ich würde sogar sagen, es war extra dazu gedacht, ihn weiter zu reizen. Es klappte auch und er regte sich auf, verbal. Vielleicht war er aufgestanden und wurde laut, was sie sich denn erlauben würde, so zu reden, warum sie ihn beleidigen ohne Grund. Das Mädchen ließ sich nicht beeindrucken und stänkerte weiter, er solle zurück in sein Land gehen, zu seiner Salome, Scheiß-Araber. Man hörte seinem Geschrei wenigstens an, dass er sich entschlossen hatte, eine gewisse Kontrolle zu wahren, und ihm war sicher klar, wie das aussah, wenn er jugendliche Mädchen anbrüllte. Die jedoch schienen sich allzu sicher zu fühlen, die Beleidigungstiraden weiterzuführen, und ich bildete mir ein, dass ich ihre Eltern, Onkel und Tanten mithörte, denn die üblichen Ressentiments kamen der Jugendlichen so locker über die Lippen, als wären sie eingeübt. Aus der Haltung: So ist er halt, der Araber, da kann man nichts anderes machen, als alle abzuschieben.

Gerade als ich dachte, so geht es doch nicht weiter, öffnete sich die Tür zum Führerstand und der Schaffner trat auf. Er war groß und bullig, in Uniform und behängt mit allerlei Gerät, aber man sah den Western-Sheriff in den Saloon treten, die schwingenden Türen, die erstarrten Gäste und wie ein Windhauch eine Kerze ausblies.

»So, das reicht jetzt!«, sagte er und stellte sich in Position, sein Kartenlesegerät zu ziehen, schneller als sein Schatten.

Leise Proteste und Erklärungsversuche flammten auf, aber er gebot ihnen Einhalt.

»Mir ist es scheißegal, wer angefangen hat, aber es gibt jetzt genau zwei Möglichkeiten. Entweder ihr hört jetzt auf, alle und ohne Ausnahme, und wir fahren weiter. Oder ...« – Protest vom Mädchen: »Der Scheiß-Typ soll halt zu seiner ...« – »oder ihr steigt jetzt alle aus!«, unterbrach er sie. Stille, in der Ferne verklang der Klageruf einer Mundharmonika. »Das ist mein Zug, ich habe hier das Sagen, und ich sage euch, wenn ich noch ein Wort höre, fliegt ihr alle raus! Setzt euch woanders hin und benehmt euch, sonst ist hier und jetzt Schluss. Das ist mein letztes Wort!«

Was kann man tun, damit das alles auch mal wieder besser wird? Diese Frage beschäftigt mich hier und dort, im Norden und Süden, im Osten und Westen. Bisher fällt mir nichts ein, außer ein offenes Ohr.

In Bereitschaft

Ahne

Am Alexanderplatz warte ich auf den Bus. Ich bin wie immer
viel zu früh. Je älter ich werde, desto früher komme ich. Zumindest zu Verabredungen. Und zum Bus. Manchmal stehe
ich bereits eine Stunde vorher auf der Matte, klingele, und
dann ist die Person, mit der ich verabredet gewesen bin, noch
beschäftigt, mit einem anderen Besuch. Es gibt ja Leute, die
mehrere Besuche haben an einem Tag. Deshalb bringe ich
meist einen Strauß Blumen mit. Hortodendrien, Tantiemen.
Angesagte Blumen der Saison. Zur Entschuldigung.

Aber heute, am Bus, da habe ich keine Blumen dabei. Was
soll die Busfahrerin mit Blumen? Sie würden auf der Fahrt
sowieso verwelken. Es gibt an Bord schließlich keine Vase.
Ich hätte natürlich eine Vase mitbringen können. Einen bereits fertig in die Vase verpackten Strauß Tantiemen. Solch
eine Idee aber ist mir nicht gekommen, bevor ich mich auf
den Weg machte.

Die Sonne scheint. Es ist ein herrlicher Sommertag. Im
Frühling. Gemein. Also nicht, dass die Sonne scheint, sondern dass das weibliche Gegenstück zu »herrlicher Sommertag« »dämlicher Sommertag« hieße. Das heißt, eigentlich ist ja nur die heutige Bedeutung des Wortes »dämlich«
gemein, und gemein an sich ist ja auch nichts Schlimmes.
Es heißt ja lediglich »einfach«, »natürlich«, »ursprünglich«.
Wir müssten den Charakter des Wortes wieder verändern,

die Worte uns zurückerobern. Wunderschöne Geschehnisse »dämlich« nennen. Das wäre gemein. Also einfach, natürlich, ursprünglich.

Links von mir wartet ein Mann, der sich eine Zigarette dreht. Er beginnt plötzlich, die Frau, die rechts von mir wartet, mit diesen kleinen, runden, weißen Filtern zu bewerfen. Kurz denke ich, vielleicht sind sie ineinander verliebt? Getreu dem alten Motto »Was sich neckt, das liebt sich«? Doch die Frau guckt genervt weg, und jetzt fängt der Mann auch noch an, sie zu beschimpfen: »Du blöde Schlampe! Ja, du, mit der blauen Sonnenbrille, du Bitch!« Die Frau trägt nämlich eine blaue Sonnenbrille, wie ich bemerke, als ich mich interessiert zu ihr umdrehe. Falls die beiden tatsächlich ineinander verliebt sind, so handelt es sich entweder um eine S/M-Beziehung, oder sie machen gerade eine Krise durch. Eine Krise, die den Mann überfordert? Weshalb er sich in sinnlose Aggressivität flüchtet? Der Ärmste. Ich tippe mal auf keins von beiden, da er extra die blaue Sonnenbrille erwähnte. Das würde er ja nicht tun, wenn die beiden sich kennen. Dann hätte er höchstens gesagt: »Melanie, hörst du mir überhaupt zu?« Oder: »Jaqueline, ich meine dich.« So etwas in der Art. Hat er aber nicht. Er hat: »Du mit der blauen Sonnenbrille, du Bitch« gerufen. Wenn es sich also um kein Rollenspiel handelt, kennen sich die beiden nicht. Ich drehe mich zum Schreihals um. Er ist größer als ich, kräftiger, trägt einen Schnauzbart und Tarnhosen. Vermutlich zieht er in den Krieg. »Du blöde V...!« Er sagt das V-Wort. Vielleicht ist er schon angekommen in seinem Krieg? Ein Krieg gegen die Frau? Ein Krieg gegen Frauen im Allgemeinen? Ist das jene berühmt-berüchtigte toxische Männlichkeit, von der überall gesprochen wird? Das neue Ding nach Corona? Männer können nicht zugeben, dass sie sich schwach fühlen, dass sie Kuscheleinheiten benötigen, dass sie dringend mal zum Arzt müssten, und überspielen das durch lautstarkes Rülpsen, breitbeinige Gangart, Gewalt? Au weia, au weia. Ich kriege ein bisschen Angst. Eigentlich müsste ich der Frau jetzt beistehen, mich demonstrativ zu ihr gesellen, um ihr zu zeigen, dass sie nicht alleine sei. Ich müsste dem kranken Manne sagen: »Bitte, lassen Sie die Frau in Ruhe.« Aber ich traue mich nicht. Was, wenn er sich dann auf mich stürzt? Mich zu Mus kloppt? Mir sämtliche Knochen bricht? Oder noch schlimmer, wenn er mich ansteckt? Mit toxischer Männlichkeit? Dann würde ich auch ständig so rummotzen. Das muss die Hölle sein.

Also tue ich, als hätte ich nichts gehört. Als ginge mich das alles nichts an. Die anderen scheinen es genauso zu halten. Der böse Mann sagt zur Frau: »Guck mich gefälligst an, wenn ich mit dir rede, du Schlampe!« Dann muss er los. Sein Bus ist da. Er fährt glücklicherweise nicht nach Greifswald oder nach Stralsund, wie die Frau und wie ich. Er fährt nach Dresden. Ein Sachse, klar. Das war ja klar. Ich atme auf. Die Frau bestimmt ebenso. Ein anderer Mann ist bereits zu ihr getreten, fragt, warum sie so beschimpft worden sei. Die Frau antwortet, sie habe nur nicht neben ihm stehen wollen, weil er geraucht hätte, deswegen sei sie weggegangen. Der liebe Mann versichert, er hätte eingegriffen, falls etwas passiert wäre. Auch ich möchte ihr das sagen, muss mich allerdings hinten anstellen. Zwei andere Männer drängeln vor, mit demselben Begehr. Wie gut, denke ich, dass man nie alleine ist. Zumindest, wenn man selbst nicht das Opfer ist.

Viel Glück für Melania

Falko Hennig

Ich liebe Dokumentarfilme, und ich würde euch gern die besten empfehlen, damit ihr mein Vergnügen teilen könnt. Dafür habe ich mich geopfert, und ich habe viel geopfert, denn ich habe mir die Dokumentation *Melania Trump – Dieses obskure Objekt der Macht* angesehen:

»Ist Melania Trump nur Objekt der Begierde und Spielball ihres Ehemanns Donald Trump?« Ähnliches gilt für die Autobiografie von Melania Trump. Das Wichtigste, was man aus diesen Werken lernt: Schaut Euch diese Dokumentation nicht an! Lest nicht die Biografie! Denn die Filmemacher wissen nichts, sie haben nichts und konnten aus komplizierten Gründen nicht anders, als eben einen ganzen Film aus nichts zu machen.

Dass sie nicht einmal slowenische Klassenkameradinnen von ihr gefunden haben, ist sehr schwach. Sie stammt aus privilegiertem Funktionärshaushalt, ihr Vater sah genauso aus wie Trump. Damit sind die psychologischen Muster erklärt, und mehr wird niemand erfahren, egal wie intensiv man sich mit dem Rätsel dieser Frau beschäftigt.

Was macht Melania eigentlich beruflich? Sie verkauft Juwelen und Hautcremes. Wegen ihres Aussehens und ihres Akzents wirkt sie wie eine Agentin aus einem James-Bond-Film. Es gibt viele Indizien, dass sie tatsächlich eine russische Agentin ist. So hat sie Trump 2017 öffentlich auf die Hand gehauen und 2018 im Weißen Haus blutrote Weihnachtsbäume im Gothic-Stil aufgestellt. Die unbekannteste First Lady der amerikanischen Geschichte hat sogar ihre Memoiren geschrieben und veröffentlicht, aber mehr als 2012 hat sie niemals über sich preisgegeben, denn damals tweetete sie das Foto eines Belugawals mit der Frage: »Was denkt sie?« Noch niemals ist über eine Person so wenig enthüllt worden wie in dem Film oder in ihrem abstrakten Buch aus Allgemeinplätzen und Klischees. Beispiele gefällig?

»Museen zu besuchen, ist eine Angewohnheit, die ich in jeder Stadt beibehalten habe, in der ich lebte. Es macht mir Vergnügen und gibt mir Inspiration.« Ihr erstes Gespräch mit Michelle Obama war »herzlich und angenehm«, das zweite »angenehm und unbeschwert«, in London »war es ein absolutes Vergnügen«, mit Prinz Charles zusammenzukommen. Dagegen war es in Tel Aviv »ein Vergnügen, wieder mit Bibi und Sara zusammenzukommen«.

Dass sie Tiefe, womöglich Abgründe verbirgt, lassen ihre Erinnerungen an Brigitte Macron ahnen. Es beginnt harmlos: »Unsere Begegnungen waren angenehm, und wir haben uns immer gefreut, einander zu sehen.« Aber dann kommt's: »Gemeinsam haben wir das Unbekannte umarmt und jeden Moment in ein aufregendes Abenteuer verwandelt.« Ich bin sicher, dass Melania auf die Frage, was sie damit meint, ungefähr so viel antworten kann, wie der Belugawal von 2012.

Größte Sensation ist ihr Bekenntnis für die Abtreibung. Damit wurde für ihre Memoiren geworben, um von der völligen Inhaltslosigkeit des Buches abzulenken. Doch ist völlige Inhaltslosigkeit übertrieben, denn wir wüssten nichts über den privaten Moment nach der erfolgreichen Wahl ihres Gatten:

»Herzlichen Glückwunsch«, sagte ich, »was für eine Leistung. All diese Menschen ... und du hast gewonnen. Du bist der Präsident der Vereinigten Staaten von Amerika.«

»Und du bist die First Lady«, sagte er. »Viel Glück.« Ich sah ihn an und war mir einen Moment lang nicht sicher, was er meinte. Viel Glück? Mir wurde klar, dass er nicht besorgt, sondern stolz darauf war, dass ich die Zukunft meistern würde. Das war seine einzigartige Art zu sagen: »Viel Glück – ich weiß, dass du es schaffen wirst. Lass uns loslegen.«

Donald hatte immer großes Vertrauen in mich gesetzt – als Ehefrau, Mutter, Vertraute und Beraterin. An diesem Morgen fühlte sich sein Vertrauen besonders zart und tief an, es schwang Liebe und Verständnis für unsere gemeinsame Zukunft mit. Ich war dankbar für diesen Moment, bevor wir unweigerlich wieder in unzählige Richtungen gezogen werden würden.

Von Trumps Gefühlen weiß man von seinem Mentor Roy Cohn: Trump pisst Eiswasser. Bei einer Frau würde man es frigide nennen. Um den gefühlskalten und habgierigen Kotzbrocken freundlich darzustellen, muss man seine Worte »Viel Glück« auf eine Goldwaage legen und als sehr gewichtig bewerten. Womöglich hat er in seinem Leben niemals etwas Netteres zu seiner Frau gesagt, als genau das.

Die Filmemacher vermuten, dass Melania nach Trumps Tod nur zu einer Trumpette werden kann. Die Trumpettes sind greise Milliardärinnen, die sich als pinkgrelle Groupies auftakeln und ihre welken Körper unter möglichst viel Gold und Diamanten verstecken und für Trump gigantische Summen zusammensammeln. Die Hölle scheint im Vergleich ein lauschiger Ort. Arme Melania!

Pupsige Erinnerungen

Mandana Katebian

Für Pabö

Beschissene Arschlöcher. Ich erzähle euch jetzt nämlich etwas über die wirklich wahre Begebenheit, die dazu führte, dass meine Familie mal ins Visier von Scotland Yard und der CIA geraten ist. Und zwar nicht, weil ich als 14jährige mal im Terminal des JFK in New York die amerikanische Nationalhymne gerülpst habe. Sondern nur, weil meine Familie väterlicherseits Iraner sind. Na und? Dafür haben die Deutschen hässliche Kinder. Na ja, vielleicht nicht gerade hässlich, wie soll ich sagen ... ich mag Kinder.

Wie auch immer, dass Scotland Yard und die CIA sich für meine Familie interessierten, lag auch nicht daran, dass wir alle so speckige Wampen haben, sondern hatte seinen Ursprung leider in einer furchtbaren Katastrophe.

An dieser Stelle ist wohl etwas Kontext hilfreich und etwas Ernsthaftigkeit angebracht. Denn viele werden sich noch an diesen unsäglichen, verheerenden Terroranschlag auf die Pan-Am-Maschine im Dezember 1988 erinnern, der über der schottischen Stadt Lockerbie verübt wurde und insgesamt 270 Menschenleben kostete. Ich war damals elf Jahre alt und erinnere mich noch sehr genau an dieses schreckliche Ereignis. Insbesondere deswegen, weil mein Vater in eben jener Maschine saß. Eigentlich stimmt das so aber gar nicht, genau genommen war es überhaupt nicht dieselbe Maschine, denn damals konnte man bei Pan Am und TWA

Direktverbindungen von Frankfurt nach New York buchen, obwohl in London/Heathrow umgestiegen werden musste. Die Flugnummern beider Maschinen waren aber dieselben, und was am wichtigsten ist, auch die Passagiere. Mein Vater hatte geschäftlich in London zu tun und stieg in Heathrow aus. Zwei Stunden und zwölf Minuten später explodierte die Maschine mit der Flugnummer 103.

Dass ich ausgerechnet jetzt, 37 Jahre nach diesem Desaster, davon berichte, liegt daran, dass meine Schwester erst kürzlich durch Zufall das Flugticket meines Vaters wiederfand, das er damals aufbewahrt hatte. Es fühlte sich unwirklich und betäubend an, dieses Dokument der Geschichte, wenn auch nur der Geschichte des Terrors, in Händen zu halten, das Datum vor sich zu sehen, den 21. Dezember 1988 und die Flugnummer »Pan Am 103«.

Für meinen Vater war es ein unglaublich traumatisches Ereignis, wie man sich vorstellen kann. Nicht zuletzt deswegen, weil er es in der Realität genauso erlebte, wie man es sich sonst in den kitschigsten und klischeehaftesten Hollywoodstreifen vorstellt.

Es waren Kinder an Bord. Und Menschen, mit denen er ins Gespräch gekommen war. Seine Sitznachbarin war eine Frau aus New York, die ein Baby bei sich hatte, das mein Vater in den Armen halten durfte. Sie erzählte ihm davon, wie sehr sie sich auf ihren Mann freute, den sie seit der Geburt des Kindes nicht mehr gesehen hatte, weil er Soldat war. All diese Menschen, die mein Vater gesehen oder mit denen er gesprochen hatte, die Kinder, waren wenige Stunden später tot.

Und alles nur, weil dieser beschissene Gaddafi den winzigsten Pimmel hatte und das zu kompensieren versuchte, indem er Menschen tötete. So wie alle Diktatoren, Terroristen und Nazis winzige, verschrumpelte Pimmel haben. Oder Eierstöcke. Und bestimmt untenrum stinken.

Nun blieb es nicht aus, dass mein Vater verdächtigt wurde, etwas mit dem Anschlag zu tun gehabt zu haben. Ständig müssen uns irgendwelche Geheimdienste nerven mit ihren Kack-Verdächtigungen.

Obwohl es natürlich schon ein bisschen naheliegend war, zumindest nicht auszuschließen, dass er etwas damit zu tun gehabt haben könnte, da es ja den Anschein hatte, dass ausgerechnet er als Iraner noch rechtzeitig ausgestiegen war und nicht die Maschinen wechselte, um nicht mit zu explodieren – in den Achtzigern waren Selbstmordattentate ja noch nicht so hip. Diese Mode kam erst Anfang der 2000er auf. In den Achtzigern war es noch cool, nur die anderen zu töten und nicht sich selbst. Aber ausgerechnet mein Vater? Wirklich nicht. Der war viel zu doof, um Terrorist zu sein. Bis zu seinem Tod vor ein paar Jahren hat er immer noch seine bekloppte Nase gesucht, die ich ihm mal als Dreijährige geklaut habe. Und das Einzige, das er in seinem Leben jemals angezündet hat, waren seine Püpse.

Noch lange Zeit nach dem Anschlag wurde unser Telefon abgehört, und jedes Mal, wenn ich in die USA reiste, war mein Koffer durchwühlt, als ich ihn in New York erhielt. Bei meinem letzten Besuch im Jahr 2006 haben sie sich nicht mal mehr die Mühe gemacht, meine Reisetasche nach dem Durchwühlen wieder zu verschließen. Vom Gepäckband nahm ich sie dann vollständig geöffnet entgegen, mit meinen ganzen BHs und Schlüppern, die überall rausbammelten. Arschlöcher.

Ich kann euch jedenfalls versichern, dass der einzige Terrorist in unserer Familie meine Katze ist. Piemie 3. Aber die ist süß und darf terrorisieren.

Ich glaube, ich muss mich wohl noch bei den heute anwesenden Kerlen entschuldigen, die rein zufällig auch winzige Pimmel haben, auch ohne Terroristen zu sein. Diese Kombination soll es nämlich auch geben. Aber macht Euch keine Gedanken, auf die Größe kommt's nicht an. Erzählt man sich.

Aber Pimmel hin oder her, wenn ich mich an dieses ebenso sinnlose wie entsetzliche Ereignis von damals erinnere und gleichzeitig die aktuelle Weltlage in ihrem desolaten Zustand heute betrachte, bekomme ich so einen unglaublichen Schiss. Es macht mir so viel Angst, zu sehen, wie leicht die Menschen zu regieren sind und wie bereitwillig, kritiklos und bewusst sie sich diesem Missbrauch durch Unterdrückung, Angst und Verachtung hingeben und das auch noch als einzig wahre Ideologie für sich gelten lassen und legitimieren. Dass wir Menschen so hartnäckig und unerbittlich auf Feindbilder bestehen, ohne die zu leben wir offensichtlich überhaupt nicht imstande zu sein scheinen.

Irgendjemand muss es mir erklären, ganz ehrlich, denn ich komme nicht hinterher. Ich komme nicht mehr hinterher mit dieser ganzen Feindseligkeit, sei es Homophobie oder Antisemitismus, Misogynie oder Fremdenfeindlichkeit oder was es sonst noch alles für Objekte des Hasses gibt, ich verstehe es einfach nicht. Allerdings gelte ich auch nicht gerade als die größte Intelligenzbestie, die es gibt. Fragen tue ich mich aber trotzdem ernsthaft, wie verdreht wir Menschen sein müssen, wenn ich beispielsweise die Inschrift des Grabsteins eines homosexuellen US-amerikanischen Soldaten lese, der in den Sechzigerjahren starb und die übersetzt in etwa wie folgt lautet:

»Ich erhielt eine Ehrenmedaille für das Töten zweier Männer und wurde unehrenhaft entlassen, weil ich einen Mann liebte.«

Und jetzt sagt mir mal bitte, was das für eine perverse, giftige Welt ist, in der wir leben.

Hoffen wir also, dass zumindest wir wenigen denkenden Menschen niemals zulassen werden, dass diese beschämende Realität der so leicht zu beherrschenden Menschen irgendwann auch zu unserer eigenen Wirklichkeit wird. Wenn das klappt, spendier' ich einen Schnaps. Abgemacht?

Hab dich!

Susanne M. Riedel

Ich habe eine schlimme, eine sehr schlimme Neigung zu Ohr-
würmern. Es braucht nicht viel: Deute eine Tonfolge an, flüs-
tre mir eine prägnante Textzeile ins Ohr – mein Hirn reagiert
darauf, als hätte es sonst keine Aufgaben. Zack, Ohrwurm, für
den Rest des Tages und die halbe Nacht.

Das war schon in meiner Kindheit so. Wir hatten nicht viel in
dem bescheidenen Haushalt, in dem ich in den Siebzigerjahren aufwuchs, aber wir hatten Ariola-Schallplatten. Meine Mutter liebte Schlager, die *Super 20 Hitparade* lief rauf und runter,
von morgens bis abends besangen Rex Gildo, Nana Mouskouri
und Chris Roberts meine frühkindlichen Synapsen.

Unter »Junge-Leute-Musik« verstanden mein Bruder und
ich damals Heintje. Der Plattenspieler wurde erst am Abend
ausgeschaltet, wenn im Fernsehen *Melodien für Millionen*, *Zum
Blauen Bock* oder die *ZDF-Hitparade* kamen. Und wenn es
zwischendurch ausnahmsweise doch mal still war, füllte mein
malträtiertes Hirn ganz von allein die Stille aus.

Mein großer Bruder hat sich früher einen Spaß daraus gemacht: Wenn ich am Wohnzimmertisch saß und konzentriert
Hausaufgaben machte, lief er unter irgendeinem Vorwand
durchs Zimmer, summte beiläufig drei leise Töne vor sich hin,
und ohne, dass ich es merkte, war der Ohrwurm abgesetzt.
Noch Stunden später sang es mich. Es war eine Art Fangen-

spielen zwischen uns, wenn er hörte, dass ich das untergejubelte Lied tatsächlich vor mich hinsang, rief er triumphierend »Hab dich!« oder »Angesteckt!«. Umgekehrt war ich nur selten erfolgreich, es machte mich verrückt, so viel leichter beeinflussbar zu sein, aber ich kam nicht dagegen an.

Ich seufze, schüttele mich ein bisschen ob der Erinnerung, dann schlage ich den Mantelkragen hoch. Erstaunlich, wie beiläufig die Auslöser für derartige Erinnerungsschübe manchmal daherkommen.

Ein Sonntagabend im November, das funzelige Licht geht gerade unter – »Sonne« wäre zu viel gesagt –, und ein kalter Wind pfeift über den Rosa-Luxemburg-Platz. Eben bin ich am *Babylon*-Kino vorbeigelaufen, und die Anzeigetafel verkündet, dass dort heute *Metropolis* gezeigt wird. Gut und schön. Aber seitdem singt es in meinem Kopf die ganze Zeit. Es singt, und ich komme nicht dagegen an, es singt: »Metropolis adieu«.

Ich weiß nicht, ob Jean-Paul Sartre wirklich Recht hatte mit seinem »Die Hölle, das sind die anderen«. Ich glaube, die Hölle ist der eigene Kopf, zumindest wenn darin gerade Nana Mouskouri auftritt: mit Pony, Hornbrille und flatterndem Zäpfchen, mit weißen Rosen aus Athen in den theatralischen Händen und dem völlig sinnbefreiten Titel »Metropolis adieu« auf den Lippen.

Jemand, der um meine Ohrwurm-Anfälligkeit weiß, ist mein Freund Lukas. Wir tauschen meist nur kurze Nachrichten per Messenger aus, trotzdem ist es selten, dass ich am Ende nicht wieder auf einem schlimmen Ohrwurm sitzen bleibe.

Ich schreibe: »Frühstück?«

Er schreibt: »Himbeereis?«

Ich schreibe: »Bin gleich Leopoldplatz.«

Er schreibt: »It's Nauener or never.«

Vor ein paar Tagen musste ich unsere Verabredung ein bisschen verschieben, weil ich zu einem Termin nach Halle fahren wollte. Lukas bestätigte kurz per WhatsApp, wörtlich: »Wahnsinn / Warum fährst du später nach Halle?«

»Halle! Halle! Halle! Halle!«, ruft es seither in meinem Kopf, wann immer ich an Halle denke. Jedes Mal. Das arme Halle. Es kann gar nichts dafür. Ich konnte dann letztlich auch gar nicht fahren, wegen eines GDL-Streiks, aber das Lied in meinem Kopf blieb. Wolle Petri streikt nicht. Ich sehe gerade noch, wie er Nana Mouskouri das Mikro aus der Hand reißt und – Wahnsinn. Frau Riedels private Schlagerhalle. Kommt mich alle besuchen, ich habe genug Lieder für alle.

Ich schüttele mich erneut in dem Versuch, den Gesang aus meinem Kopf zu kriegen, Passanten werden es für ein Frösteln halten. Drehe mich noch einmal um zum Kino, dann laufe ich weiter zur *Reformbühne Heim & Welt*.

»Metropolis adieu, ich muss gehen«, denke ich. Auf mich wartet die kleine Kneipe in unserer Straße, vielleicht auch etwas Korn, Bier, Schnaps und Wein, wer weiß das schon so genau. Was gestern war, ist vorbei und vergessen und zählt nicht mehr. Wir werden wieder singen, kochen, tanzen, lachen, glücklich machen. Das alles und noch viel mehr – Kreuzberger Nächte sind lang, hier sind sie noch viel länger. Mit 17 hat man noch Träume, aber mit 66 Jahren fängt das Leben an, und für alles dazwischen hat der Teufel den Schnaps gemacht. Ein bisschen Spaß muss sein. Und ein bisschen Frieden. Immer wieder sonntags. Dibidibidibdib. Dib.

Leute sind seltsam

Heiko Werning

Normalerweise gelingt es mir im Zug recht gut, die Gespräche der anderen Fahrgäste auszublenden, während ich lese, schreibe oder nachdenke. Aber manchmal reißen mich einzelne Sätze aus meinem Tunnel. Wenn mein Unterbewusstsein etwas besonders verstörend findet, nehme ich an.

»Das Weserbergland soll ja auch sehr schön sein«, ist so ein verstörender Satz. Verwirrt schaue ich mich um. Wer sagt denn so was? Offenbar ein Mann im Anzug und mittleren Alter zu seiner ebenfalls vornehm gekleideten Frau. Er blickt sinnierend auf die vollständig langweilige Hügelchenlandschaft, die an uns vorbeigleitet, während sie antwortet: »Ja, das Weserbergland soll auch sehr schön sein. Müsste man mal hinfahren.« »Aber jetzt fahren wir erst mal nach Bali«, sagt der Mann. »Ja«, seufzt die Frau, »vielleicht fahren wir nächstes Jahr mal ins Weserbergland.« Manche Leute sind wirklich seltsam, denke ich

»Ihr Bildschirm ist aber ganz schön staubig«, sagt der Mann auf dem Platz neben mir. Meine Güte, denke ich. Der Typ riecht nach Alkohol, als hätte er einen Flachmann zum Frühstück getrunken, aber sich über den Staub auf meinem Laptop-Bildschirm beschweren. Ich hasse es sowieso, im Zug Geschichten zu schreiben, weil ich unter der Paranoia leide, dass die Sitznachbarn mitlesen könnten, was mir extrem unangenehm ist. Warum, weiß ich auch so genau nicht. Ist ja schließlich nicht geheim, was ich schreibe, sondern will ich am Abend schon bei der *Reformbühne* vorlesen. Weshalb ich es mir auch nicht erlauben kann, jetzt mit dem Schreiben aufzuhören. Denn neuer Stoff muss her, sonst schimpft Ahne. Also schreibe ich weiter, trotz des unangenehmen Gefühls, der Typ könnte mitlesen. Allerdings guckt der eher auf sein Handy, wo ein bescheuerter Action-Film läuft, wie mir ein kurzer Blick auf seinen Bildschirm sagt. Mit Bruce Willis. Der jetzt gerade aus einem Fenster springt und noch in der Luft irgendwen umballert. Oh, aber jetzt wird aus einem Hubschrauber heraus auf ihn geschossen. Der Typ guckt leicht genervt zu mir rüber und dreht seinen Bildschirm zur Seite. Verdammt, jetzt kann ich nichts mehr sehen. Na ja, dann kann ich wenigstens in Ruhe weiterschreiben.

»Sie haben ja über mich geschrieben!«, sagt der übelriechende Typ auf dem Sitz neben mir plötzlich, »das ist ja unverschämt!« »Ich habe doch nicht über Sie geschrieben!«, sage ich zu dem Typ. »Sehen Sie, hier! Ich habe über einen Mann geschrieben, der nach Alkohol stinkt. Sie sind aber eine Frau und haben nur ein bisschen viel Parfum heute morgen aufgetragen«, verteidige ich mich. »Aber Sie schreiben über die Person, die neben Ihnen im Zug sitzt, während die Person neben Ihnen im Zug sitzt. So etwas macht man doch nicht!« »Und Sie lesen ganz offensichtlich, was ich gerade schreibe, so etwas macht man aber auch nicht!« »Ich lese überhaupt nicht, was Sie schreiben, ich habe nur aus den Augenwinkeln, also im Unterbewusstsein quasi, mitgekriegt, dass sie über mich geschrieben haben, so etwas gehört sich nicht.« »Ich habe über einen Mann geschrieben, und Sie sind eine Frau. Das sind nicht Sie. Das ist literarisiert.« »Aber

Sie haben geschrieben, dass ich Bruce Willis gucke. Das ist nicht literarisiert, denn ich gucke Bruce Willis.« »Literatur muss sich nun einmal von der Wirklichkeit inspirieren lassen«, erwidere ich. Der Typ, der in Wirklichkeit eine Frau ist, schnauft verärgert und dreht sich weg. Vielleicht wird ihr das eine Lehre sein, nicht auf anderer Leute Bildschirme zu starren. Manche Leute sind wirklich ganz schön seltsam!

»Wenn du schwanger wirst, heirate ich dich«, sagt der Typ hinter mir zu seiner Begleiterin und reißt mich damit schon wieder aus meinem Schreibtunnel. Was ist denn das für eine Scheiß-Ansage, denke ich. »Was ist denn das für eine Scheiß-Ansage?«, sagt die Frau neben ihm. »Wieso willst du mich denn nicht jetzt schon heiraten?« »Na, wer weiß, wie sich das alles noch entwickelt. Das weiß man doch gar nicht. Da muss man dann doch noch nicht gleich heiraten.« »Aber wenn ich schwanger werde, dann schon, oder was?« »Ja, dann ändert sich natürlich alles. Wenn du schwanger wirst, dann heirate ich dich.« »Na, dann sorg halt endlich dafür, dass ich schwanger werde«, sagt die Frau und klingt dabei ziemlich verärgert. »Was soll das denn jetzt heißen?«, sagt der Typ, »ich tue ja wohl alles, was man tun kann, damit du schwanger wirst.« Er klingt ein bisschen gekränkt. »Ja, aber ich werde trotzdem nicht schwanger, du Looser«, giftet sie ihn an. Der Typ ist beleidigt: »Warum willst du mich denn überhaupt heiraten, wenn ich so ein Looser bin?« »Na ja, wenn du mich schwängern würdest, wärst du ja kein Looser mehr«, bleibt sie erbarmungslos. »Ja, sag ich ja«, erwidert er jetzt auftrumpfend, »wenn du schwanger wirst, wäre alles anders. Dann können wir auch heiraten.« Jetzt schweigen beide. Schade. Seltsame Leute, sicherlich, aber ich würde doch zu gerne sehen, ob sie jetzt schmollen oder sich küssen. Doch ich traue mich nicht, durch die Sitze zu ihnen nach hinten zu gucken.

»Die knutschen!«, informiert mich die Frau neben mir. Ich seufze genervt auf und stelle die Schrift auf meinem Bildschirm auf ein helles Grau. »Man kann das nur sehr schlecht lesen, wenn Sie die Schrift so grau machen«, sagt die Frau neben mir. Ich zeige auf ihren Bildschirm, auf dem Bruce Willis gerade aus einem explodierenden Auto springt. »Ich glaube, Sie verpassen da gerade was Wichtiges!« Sie schaut mich ungehalten an: »Starren Sie doch nicht immer so auf meinen Bildschirm!« Demonstrativ dreht sie ihn weg. Ich stelle ein noch helleres Grau auf meinem Bildschirm ein.

Ich habe übrigens einen Frosch dabei. Das mag jetzt ein wenig seltsam klingen für den einen oder anderen. Aber es ist nun mal so. Ein australischer Korallenfingerlaubfrosch. Der fährt mit nach Berlin zu den australischen Korallenfingerlaubfröschen, die wir schon haben. Zur Verstärkung. Womit ich aber nicht gerechnet hatte: Nach einer Weile hat der Frosch sich im Zug offenbar gut akklimatisiert. Jedenfalls sind wir gerade in der Anfahrt auf Hannover, wie die Lautsprecherdurchsage verkündet. Und offenbar sendet diese Lautsprecherdurchsage auf genau der Frequenz, die der Frosch mit potenziellen Artgenossen assoziiert. Weshalb er zu einem lauten Gequake anhebt, während es aus dem Lautsprecher scheppert: »Alle vorgesehenen Anschlusszüge werden erreicht.« Ein Korallenfinger quakt ziemlich laut. Die anderen Leute im Zug schauen sich verwirrt um. Meine Vorteile sind, dass sie weder genau lokalisieren können, woher das merkwürdige Geräusch kommt, nämlich aus meinem Rucksack, der auf der Gepäckablage über mir liegt, noch dass sie eine Ahnung haben, was das wohl sein könnte, weil erstens niemand mit einem quakenden Frosch im Zug rechnet und weil zweitens niemand hier das Quaken eines Korallenfingerlaubfroschs als Froschquaken erkennt, denn es klingt eher wie die Folge eines nicht ganz unerheblichen technischen Problems im Triebwagen.

Jetzt bloß nicht auffallen, denke ich, und schaue mich einfach ebenfalls suchend um nach der Ursache für den infernalischen Krach. »Natürlich, die Bahn mal wieder!«, ruft erwartungsgemäß der erste Trottel. Und sogleich sekundiert ein zweiter: »Da fährt man einmal mit der Bahn, und schon geht der Zug kaputt. Wahrscheinlich müssen wir jetzt für immer in Hannover bleiben.« Die anderen Passagiere schauen ihn entsetzt an.

Aber der ICE fährt vorschriftsmäßig weiter, mein Puls beruhigt sich allmählich wieder. Bis der Zugbegleiter von der nahenden Ankunft in Wolfsburg kündet und den Frosch damit zu einer neuerlichen Tirade reizt. »Hoffentlich schafft der es überhaupt noch bis Wolfsburg!«, sagt jemand.

Er schafft es aber sogar noch bis Berlin-Spandau. Inzwischen habe ich eine gewisse Routine darin entwickelt, demonstrativ suchend irgendwohin zu gucken, wenn der Frosch loslegt. Mir steht der Schweiß auf der Stirn, denn ich habe wirklich keine Lust, hier als irgendein Freak geoutet zu werden, der mit einem erstaunlich fetten Frosch im Zug durch die Gegend fährt. Das wäre mir doch sehr unangenehm.

»Ein Frosch! Es ist ein Frosch! Der Typ hier hat einen fetten Frosch dabei!«, ruft die Frau neben mir plötzlich. Verdammt. Die Leute im Wagen starren mich misstrauisch an. Ich erröte. »Was denn für ein Frosch ...?«, versuche ich abzulenken. »Er hat's gerade erst geschrieben!«, ruft meine Sitznachbarin. Jetzt schauen die Leute sie misstrauisch an. »Er schreibt die ganze Zeit schon über uns alle!«, beschwert sich die Frau, »voll indiskret! Er lauscht überall und schreibt das einfach auf. Und einen fetten Frosch hat er auch noch dabei!« Ich will gerade anheben, mich zu verteidigen und irgendwas von Literarisierung zu erzählen, da verkündet der Zugbegleiter die baldige Ankunft im Hauptbahnhof, fröhlich sekundiert vom Frosch. Verdammt. Ich schnappe mir den quakenden Rucksack und gehe los in Richtung Ausstieg, der sich in Fahrtrichtung rechts befindet, wie die Durchsage überflüssigerweise nachschiebt und den Frosch damit zu einer neuerlichen Quak-Attacke reizt. Die anderen Passagiere im Wagen sehen mir kopfschüttelnd hinterher, während ich flüchte. Es gibt schon ganz schön seltsame Leute, werden sie wohl denken.

3.
Wir trinken noch ein letztes Bier,
meistens werden's doch dann vier

Seestern: Entschwebt

Frank Sorge

Dieter: Haste jehört, Ralle, wir kriegen 'ne Magnetschwebebahn.

Ralle: Wat? Zu Weihnachten?

Dieter: Ick gloob, so schnell sind die nich.

Ralle: Also bei mir steht sowat nich uffm Wunschzettel.

Dieter: Du hast een Wunschzettel?

Ralle: Na klar. Aber den bewahrt Marie für mich uff.

Dieter: Und da macht se Striche druff?

Ralle: Jenau, Marie kennt meene innigsten Wünsche.

Dieter: Meinste, et jibt sowat für Kinder? Also 'ne Magnetschwebebahn?

Ralle: Wär een jutet Jeschenk, jibs bestimmt.

Dieter: Hätt ick fast Lust, mal in *Karstadt* zu kieken.

Ralle: Is eh die letzte Chance, bald is Sense.

Dieter: Mit mir?

Ralle: Mit *Karstadt*. Hätte ick so hellseherische Fähigkeiten
und könnte dein Ableben datieren, würd ick's dir ooch
lieber nich sagen.

Dieter: Beruhigend, Ralle.

Ralle: Ick würde kurz vorher höchstens wat sagen, wie: Bleib
doch noch 'n bisschen, ick jeb dir einen aus.

Dieter: Dit würde mir misstrauisch machen. Wat meenste
denn, wat aus dem *Karstadt* wird?

Ralle: Vielleicht wat Türkischet.

Dieter: 'Ne Shisha-Bar?

Ralle: Warum nich? Für den Rauch is jedenfalls viel Platz.

Dieter: Vielleicht kann man jetzt ooch schon roochen im *Karstadt*, wenn er sowieso zumacht.

Ralle: Da sind doch Rauchmelder, Dieter, und dann machen die wegen Brandschutz noch schneller zu, als jetze schon.

Dieter: Wenigstens in dem Café da oben, früher jing dit.

Ralle: Ja, früher jing einiget, vor allem bei uns. Ick trauer dem nich nach, ick meene, dit is 'n Laden wie jeder andere Laden. Wenn er nich looft, machst 'n zu. Und wenn de überlegst, wat hier früher war, is dit überhaupt der letzte Mohikaner. *Karstadt* is 'n Dinosaurier, wie wir.

Dieter: Nur weil mal nich so looft, muss man doch nich gleich dit Handtuch schmeißen. Denk mal nicht, dat die Dinosaurier von ein aufn andern Tag jesagt haben, wir schmeißen hin.

Ralle: Na doch, Dieter, jenau so war dit.

Dieter: Woher willst du dit denn wissen, warste dabei oder wat?

Ralle: Na klar, und *Seestern* hieß noch *Seestein*. Mann, Dieter, is doch Alljemeinwissen, hast du keen Internet? Dit war so 'n riesiger Komet, wa, da hat's richtig jeknallt.

Dieter: Kennste noch den *Komet* am Schillerpark, da hat's ooch immer richtig jeknallt.

Ralle: Na, siehste, der Kneipier wusste dit sojar ohne Internet. Die Dinos haben sich einfach alle hinjelegt, da war nich viel zu machen.

Dieter: Trotzdem weg, der *Komet*, und jetze ooch noch *Karstadt*. Wenigstens ham wir unsern *Seestern* noch.

Ralle: Paar sind ja doch übrig geblieben, von die Dinos, mein ick, die zähen. Vielleicht sollte Marie den *Karstadt* machen?

Dieter: Bloß nich.

Marie: Wat soll ick schon wieder machen, die Herren? Immer solln die Frauen ran, wa, und die Herren der Schöpfung ruhn sich aus? Macht doch selber euer *Karstadt* anstatt rumzujammern.

Ralle: Wir sind einfach nich so jeschäftstüchtig.

Marie: Ja, klar, die Ausreden kenn ick. Is wie mit die Magnetschwebebahn, allet nur Ausrede, statt wat richtiget zu machen. Dit wär ja nich mal Giffey einjefallen, der Unfug. Die solln einfach mal den U-Bahnhof Seestraße fertigmachen und die Fahrradwege, statt sich da wat zusammenzuträumen. Schwebebahn, mir schwebt da ooch einiget vor. Wovon träumen die denn nachts, wenn denen tagsüber schon nur noch sowat einfällt?

Ralle: Also ick würde dir wählen als Bürgermeisterin, da kannste dir sicher sein.

Marie: Alle Männer raus aus die Politik, würde ick mal sagen. Einfach mal zehn Jahre oder so, und dann kieken wir mal, ob da wat rausjekommen is. Aber mir fragt ja keener.

Dieter: Schade eigentlich.

Ralle: Ick hätte 'ne Frage.

Marie: Antwort kommt gleich.

Ralle: Danke, Marie!

Dieter: Vielleicht kann man ja wenigstens so 'n Bahnhof aus *Karstadt* machen, für die Magnetbahn?

Ralle: Oder'n Flugtaxistand.

Dieter: Ach, ick gloobe, da passiert erstmal janüscht.

Ralle: Du bist halt Realist, für Berliner Politik brauchste vor allem viel Fantasie.

Dieter: Jenau, und realistisch jesehen muss ick mal los.

Ralle: Ach, bleib doch noch 'n bisschen, ick geb dir einen aus!

Dieter: Mach mir keene Angst, Ralle.

Ralle: Nur eenen uff *Karstadt* und die Saurier.

Dieter: Na jut.

Ein Abend ohne Kinder

Spider

»Spider, was ist los, du bist so hibbelig?« »Ich habe das Gefühl, dass ich irgendwas vergessen habe, dass ich mich noch um irgendetwas kümmern müsste, noch irgendwas erledigen.« »Trink ein Bier, rauch eine! Entspann dich! Du musst dich um nichts kümmern, du bist ganz alleine hier, deine Kinder sind bei deiner Ex.«

Töle, Vogel und icke. Wir drei waren ohne Kinder hier, die Kinder waren bei den jeweiligen Exen. Wir machten dasselbe, das wir schon so oft zusammen gemacht hatten, ein Wochenende in der Uckermark, bloß diesmal ohne Kinder. Momentan saßen wir mit Bier am Lagerfeuer. Ich hatte ständig das Gefühl, dem sonst immer beteiligten autistischen Sonderschüler hinterherputzen zu müssen. Hatte er das Klo und alles drum herum vollgeschissen? Das Katzenfutter gegessen? Sich eingepullert? Er musste doch auch noch seine Medikamente, wie ich immer scherzhaft sagte: »seinen Schnaps«, bekommen. Und dann musste er pedikürt werden. Nein, heute stand nichts von all dem an. Denn heute ließen wir es uns mal so richtig gutgehen, ohne jede Verpflichtung.

»Ich beneide euch um eure Ruhe und Gelassenheit«, sagte ich, »Seid ihr gar nicht aufgeregt und neugierig, ob es euren Kindern gut geht?« »Det is mir wumpe, Spider, aber wenn du willst, ruf doch bei deine Ex an!« »Nein, Vogel, auf keinen Fall!« »Sollen wir bei deine Ex anrufen?« »Um Himmels Willen, nein!«

Ich hatte ganz erhebliche Zweifel, ob ich würde einschlafen können. Wir hatten hier bei meinen Freunden in der Uckermark als Familie immer im Gästezimmer zusammen in einem großen Bett geschlafen. Eine sehr kuschelige Situation. Manchmal hatte auch noch die Katze mitgemacht. Ich ahnte, dass ich hier nicht würde schlafen können, wenn sich nicht mindestens eines meiner Kinder an mich schmiegte. Falls jemand nicht weiß, was das altmodische Wort »schmiegen« bedeutet, es bedeutet: dass so ein kleiner, klebriger Körper im Bett neben dir die ganze Zeit sabbert, zappelt, boxt, tritt und dabei permanent pupst. Ich hatte ganz erhebliche Zweifel, ob ich so allein würde schlafen können, ohne dass mich jemand an die Bettkante drängte. Vielleicht machte ja wenigstens die Katze mit.

»Ich geh mal auf Klo«, sagte Vogel, »soll ich auf dem Rückweg noch jemandem Bier mitbringen?« Ich hatte plötzlich eine Idee: »Könnte ich vielleicht mitkommen und dir den Popo sauber machen?« »Muss ick noch mal drüber nachdenken, Spider. Sonst noch wat?« Ich wandte mich an Töle: »Kann ich dir einen Schnaps geben?« »Gerne, klingt gut.« »Ich würde dich gerne auch noch pediküren, Töle.« »Kann ick stattdessen nicht zwei Schnaps haben?« »Okay, muss ja auch nicht sein. Und was ist mit dir, haste genug nachgedacht, Vogel?« »Ja, ick habe mir entschieden, du dürftest mir nich den Popo sauber machen, Spider. Wat sollen denn die Nachbarn denken?«

Der Schnaps tat gut. Eine Tüte ging rum. Irgendwann wurde ich ruhiger. Das Feuer loderte. Irgendwelche Tiere raschelten im Wald. Käuzchen riefen aus der Tiefe der Schwärze. Es tat richtig gut, mal ein Wochenende ohne Kinder. Mal das Essen so würzen dürfen, wie man es selbst scharf genug fand. So lange im Bett bleiben, wie man musste. Darauf noch ein Bier. Ich ließ meine Fantasie schweifen und fragte die beiden Kumpels: »Sagt mal, wollt ihr vielleicht noch ein Müsli? Oder soll ich euch einen leckeren warmen Kakao machen?« Sie drückten mir wortlos ein Schnapsglas in die Hand.

Irgendwann waren wir fertig, breit und müde. Was für ein gelungener Abend. Ich war mir nun sicher, auch ohne Kinder einschlafen zu können. Auf dem Weg zum Haus fragte ich noch ein letztes Mal: »Soll ich euch die Zähne putzen?« »Nee Spider, wir sind schon groß, det machen wir alleene.« »Kann dann wenigstens einer von euch in mein Zimmer pupsen?«

Ich wusste, dass ich mich auf zwei so alte Freunde wie Vogel und Töle verlassen konnte. Ich hätte für jeden der beiden, ohne zu zögern, dasselbe getan.

44
(oder: Schlittenfahrt mit Rosenblüten)

Susanne M. Riedel

Ein Sonntagnachmittag im September, vom *Schlot* aus laufe ich die Invalidenstraße entlang, am Nordbahnhof vorbei Richtung Prenzlauer Berg. Die Sonne brezelt heiß und hell auf mich hernieder, die Oberleitungen malen Schatten auf den Asphalt, der Himmel ist leuchtend blau, die Luft schwer, die Sitze der Straßenbahn sind klebrig. 33 Grad. Morgen sollen es 12 Grad weniger sein, endlich, ich bin einverstanden.

Sonntag ist für manche Menschen ein Tag der Ruhe und Einkehr, für mich ist es der Tag, an dem meine beiden Stammbühnen stattfinden. Nach dem *Frühschoppen* habe ich meist noch zwei bis drei Stunden Zeit, ehe die *Reformbühne Heim & Welt* in unserer Herzenskaschemme *Baiz* beginnt. Nach Hause zu fahren, lohnt sich für mich nicht, meist nutze ich die Pause, um etwas essen zu gehen, mal am Imbiss, mal in diesem lauschigen vietnamesischen Restaurant am Rosa-Luxemburg-Platz.

Dort bin ich eher zufällig mal reingeraten. Der Anteil der Touristen ist sehr groß, selten sehen die Kellner jemanden öfter als ein Mal. Ab dem zweiten Besuch wurde ich somit als Stammgästin gefeiert und genieße seither, wie die unglaublich sympathischen jungen Kellner mich emsig umschwirren, wenn ich bepackt mit meinen Büchern und meiner Gitarre zur Türe reinkomme. Auch heute.

»Rosenblüten, wie immer?«, fragt der eine, kaum dass ich über die Schwelle bin, und räumt in Windeseile den kleinen feinen Tisch am Fenster frei. »Rosenblüten, wie immer« – so werde ich selten begrüßt, ich liebe es. Wenn ich zu Hause zur Tür reinkomme, heißt es eher »du schon« oder »hast du an Klopapier gedacht?«, ich finde wirklich, ich brauche mehr Rosenblüten in meinem Leben.

Kaum dass ich sitze, stellt der junge Mann vom Tresenteam dann auch schon die duftende Tasse vor mich hin, mustert mich, überlegt kurz und fragt – »44?«

Ich sag's, wie es ist – wenn man wie ich Anfang 50 ist, hört man das gerne. Mir ist schon klar, dass es nur um die Bestellung geht, aber ich höre es trotzdem gerne. Es ist ein kleines Spiel mit mir selbst, ein Film in meinem Kopfkino, der nur für mich läuft. Privatvorstellung.

Nach einer schönen Pause, gutem Essen und reichlich asiatischem Seelenbalsam verabschiede ich mich heute etwas früher, ich will noch an die Luft. Es ist bald 18 Uhr, eine leichte Brise geht und die Hitze ist nicht mehr ganz so unerträglich. Ich mag das Treiben auf dem Platz vor der *Volksbühne*, suche mir einen schattigen Platz ganz am Rand der Treppen und übe noch ein bisschen Gitarre, ganz leise für mich.

Nach einer Weile bemerke ich, wie langsam, aber entschlossen drei junge Touristen auf mich zu geschlendert kommen, ich schätze sie auf knappe 20. Etwas schüchtern fragt der eine: »Can you play a song we know? Maybe sing with us?«

Ich bin gerührt, aber offen gestanden auch etwas überfordert, und beim gemeinsamen Überlegen stellen wir fest, dass uns allen spontan gar kein Song einfällt, den wir gemeinsam singen könnten.

Flashback. Eine Erinnerung meldet sich.

Irland in den Achtzigerjahren, ich bin 16, es ist meine erste Jugendreise mit der Naturfreundejugend. Eigentlich habe ich die Reise nur gebucht, weil ich so ein riesiger Chris-de-Burgh-Fan bin, aber das würde ich natürlich nie zugeben. Tagsüber ziehen wir im strömenden Regen die morschen Pferde hinter uns her, die eigentlich uns und die morschen Planwagen ziehen sollen, in denen wir wohnen. An einem der Abende sitzen wir durchnässt, verfroren, aber irgendwie glücklich in einer irischen Dorfkneipe und lauschen beeindruckt dem regen Treiben und der irischen Volksmusik. Es ist unbeschreiblich, ein wenig, als seien wir in einem Wirtshaus im Auenland gelandet, die Stimmung ist grandios, alle tanzen, singen, fideln, dass es nur so eine Freude ist, alt, jung, und jeder zweite, der zur Tür reinkommt, hat irgendein Instrument dabei.

Irgendwann spricht uns jemand an, woher wir kämen. »Deutschland«, sagen wir. Raunen. Dann zeigt einer auf meine Gitarre, die neben der Bank trocknet, und sagt aufmunternd: »Na dann lasst uns mal ein deutsches Lied hören! German Traditional!«

Die ganze Kneipe lauscht, aufmunterndes Nicken und Klatschen. Wir wollen nicht unhöflich sein – aber uns fällt partout kein deutsches Lied ein, das wir alle kennen, von mögen ganz zu schweigen. German Traditional. Alles, was ich auswendig kann, ist Chris de Burgh, alles was die anderen können, auch Englisch, in unserer Verzweiflung ... – ich sage es wirklich ungern, aber es endet damit, dass wir in dieser irischen Kneipe sitzen und *Die Moorsoldaten* singen. Die Stimmung ist auf dem Tiefpunkt, die Luft ist raus aus dem

Abend, nach und nach gehen alle nach Hause, der Wirt hasst uns ...

Nun also diese Szene hier vor der *Volksbühne*.

Auch uns fällt nichts ein, aber es ist nicht so schlimm, wir plaudern ein wenig. Wo sie herkommen, will ich wissen. Einer aus Belgien, zwei aus Israel. Sie seien zum ersten Mal in Berlin.

Der eine schaut immer wieder auf meine Gitarre. Zaghaft erzählt er, dass er mal kurz Unterricht hatte, als er fünf war. Er glaubt, er könne sich noch an *Jingle Bells* erinnern.

Ich drücke ihm meine Gitarre in die Hand. »Here we go!«, sage ich und sehe gerührt zu, wie er seine Finger ungelenk auf den Saiten zurechtbiegt.

Es ist ein sehr, sehr besonderer Moment, wie wir da sitzen auf den Treppenstufen der *Volksbühne* und bei 33 Grad im Schatten schief und voller Inbrunst gemeinsam Jingle Bells singen.

Auf dem Weg zum *Baiz* werden mir hundert Lieder einfallen, die wir hätten singen können, Halleluja. Aber nichts wäre besser gewesen als das.

Guter Dinge gehen wir auseinander, ein Belgier, zwei Israelis, eine 44jährige Berlinerin und ihre Gitarre.

Und jetzt und hier habe ich das Leben sehr lieb.

HSP

Mandana Katebian

Als ich letzten Sommer durch den Weinbergspark latschte, kam ich an einer Gruppe junger Leute vorbei, die auf Decken saßen und neben sich ein Schild aufgestellt hatten, auf dem in Großbuchstaben »HSP« stand. HSP steht für »hochsensible Persönlichkeit oder Person«. So sehen sie also aus, dachte ich, die Prenzlauer Berger Hochsensiblen, die jeden Passanten darüber in Kenntnis setzen müssen, hochsensibel zu sein und genau in diesem Moment wahrscheinlich ganz besonders hoch vor sich hin sensibelten.

Arschlöcher. Mein Verliebter hat mir ja auch schon mal Hochsensibilität unterstellt. Als er zu mir sagte: »Du bist bestimmt hochsensibel«, antwortete ich: »Dein Arsch ist hochsensibel. Und jetzt Schnauze.«

Neugierig wurde ich dann aber doch ein bisschen und habe einen Test gemacht. Und siehe da, demnach bin ich tatsächlich nicht nur durchschnittlich überdurchschnittlich sensibel, sondern sogar arschmäßig überdurchschnittlich. Und wenn das bei einem Online-Test rauskommt, ist das bestimmt wahr. Schließlich handelt es sich dabei um einen wissenschaftlich hochgradig komplex ausgearbeiteten Test. Man klickt dabei nämlich auf einem Fragebogen, je nach Fragestellung, auf »trifft voll auf mich zu«, »trifft teilweise zu« oder aber, und jetzt kommt's, »trifft gar nicht auf mich zu«.

Also wenn das nicht wissenschaftlich fundiert ist, fresse ich meinen rechten Fußnagel ab. Aber den mit dem Nagelpilz.

Obwohl vieles davon überraschenderweise wirklich auf mich zutrifft. Zum Beispiel ist es für mich kaum, um nicht zu sagen überhaupt nicht zu ertragen, wenn so terroristische Arschbacken-Hooligans vom Typ Heiko Werning mir einzureden versuchen, dass es keinen Katzenhimmel gibt. Das hat er zwar noch nie gesagt, aber er strahlt es aus. Und dabei hab' ich so eine besondere Katze, die sich in ihrem Verhalten von allen anderen hervorhebt. Jedes Mal, wenn ich depressiv oder auch nur traurig bin, geht ihr das am Arsch vorbei.

Ich denke auch immer gleich, dass jemand mich nicht leiden kann, nur weil er mich scheiße behandelt. All das nenne ich aber nicht »Hochsensibilität«. Ich nenne das Hirnschaden. Obwohl ich nach Auffassung der Ärzte aber angeblich überhaupt keinen Hirnschaden haben soll. Als ich vor etwa einem Jahr mal ein MRT von meiner Birne machen ließ, stand im Befund »unauffälliges Hirn«. Es bleibt zu interpretieren, weshalb meine Psychiaterin über diesen Satz so ungehalten lachen musste.

Wo wir gerade beim Lachen sind, muss ich euch unbedingt erzählen, was mir neulich passiert ist. Als ich auf der Brunnenstraße unterwegs war, kamen mir drei Mädels im Teenageralter entgegen. Die Eine sagte, dass es bei ihr immer voll lange dauert, bis sie Klamotten rausgesucht hat und weiß, was sie anziehen soll. Daraufhin antwortete ihre Freundin: »Ey Alter, bei mir geht Klamottenanziehen wie gerupft.« Ich musste so lachen, es war so lustig. Dann fiel mir wieder ein, dass ich mal in der S-Bahn gehört hatte, wie ein Typ total empört und völlig ernst zu seinem Gesprächspartner sagte:

»Also, das haut doch wohl echt dem Fass die Krone vom Gesicht.« Als ich daran dachte, war in dem Moment alles bei mir vorbei. Ich war schon im Lidl drin (allein, versteht sich) und musste plötzlich so laut loslachen, dass die Leute bestimmt alle dachten, ich habe ein auffälliges Hirn. Ich glaube, man kann sich ins Lachen reinsteigern, denn ich habe mich nicht mehr eingekriegt, ich dachte ernsthaft, ich muss sterben. Ich musste so lachen, dass ich eingeschissen habe. Dann dachte ich, dass ich darüber ja einen Text machen kann, mit dem Titel »Wie ich mal vor Lachen einschaß«. Bis mir auffiel, dass bei diesem Satz irgendwas mit einem der Verben nicht stimmte. Da musste ich dann noch mehr lachen und noch mehr scheißen. Na und? Ich schäme mich nicht dafür. Ich finde sogar, mich macht das zu einer amerikanischen Heldin. Zu einer hochsensiblen, vollgeschissenen, amerikanischen Heldin. Weil ich nämlich so feinfühlig bin und immer darauf bedacht, andere Menschen nicht zu kränken. Wie neulich, als ich zu meinem Verliebten sagte, dass ich finde, die Haarfarben der Deutschen sehen aus wie Ostberlin vorm Mauerfall. Wenn Ihr übrigens einen Beweis für diese These haben wollt, dann schaut mal ganz unauffällig auf Ahnes Birne. Aber nur, wenn Ihr nicht zu sensibel dafür seid. Denn das Leben ist kein Ponyschlecken.

Die Panzer auf unseren Straßen im Weidemonat

Falko Hennig

Der Wonnemonat hat begonnen, und das hat mit Wonne nichts zu tun, sondern mit Weide. Im Althochdeutschen war es der »wunnimanod« oder »winnimanod«, und »wunni« oder »winni« war »Weide«.

Erst Karl der Große soll »Wonne« für »Freude« gebraucht haben. Aber vielleicht ist der Mai einfach der Monat, in dem die Kühe in den Alpen wieder auf die Weide getrieben werden.

Wir folgen dieser Tradition, indem wir unsere grottenolmweiße Haut erstmalig dem Sonnenlicht aussetzen, und zwar am 2. Mai in der Schönhauser Allee.

Für mein Leben ist der Mai eher ein Erntemonat. Auch wenn die erste Woche mich nur 80 Euro mittels Radtouren ernten lässt.

Aber ob nun Weide- oder Wonnemonat, es ist keine Butter mehr da! Jedenfalls nur noch ein Rest.

In der DDR habe ich mir hauptsächlich *Frische Rahmbutter* aufs Brot geschmiert. Eine sehr absonderliche Substanz. Sie wurde im Kühlschrank nicht fest, sondern fror, sodass sie hernach beim Versuch, sie zu schmieren, einfach zersplitterte. Angeblich enthielt sie entrahmte Frischmilch, aber in der Hauptsache bestand sie aus Wasser. Man konnte deshalb nicht damit braten, sondern nur Brote schmieren oder eher mit diesen Splittern belegen.

Vielleicht ist das der Grund, dass ich heute die mit Speiseöl geschmeidig gemachten Buttersorten bevorzuge. Doch sie ist alle.

Deshalb halte ich mir die Genüsse vor Augen, die mir der Mai bringt: Die Sensation der Schmerzfreiheit, Bratkartoffeln mit Ei und als Soße Kürbissuppe, rico! Kino in den *Tilsiter Lichtspielen*. Falafel und Haloumi bei *Ali Baba*. Ananas-Limonade aus geschliffenen Gläsern.

Der Höhepunkt ist der 2. Mai, der Internationale Kampf- und Feiertag der Arbeitslosen, denn das Wetter ist perfekt. Auch die Demo ist perfekt, das Konzert ist perfekt und das Pogotanzen ist perfekt. Die Leute sind perfekt. Das Treffen am 2. Mai ist das Gegenstück zum Klassentreffen, sowas wie ein Freizeittreffen. Und auch die *Baiz* ist perfekt. Ja, auch die *Baiz* oder das *Baiz* ist einer dieser magischen Orte, wo die alten Punks zum Sterben hingehen und wo das sogar jüngere Leute nicht abschreckt, ihnen dabei zuzusehen.

Die jungen Leute sind mir inzwischen rätselhafter als jemals zuvor. So tragen die Männer Vokuhila-Frisuren, als wäre es das Normalste von der Welt.

Ich bin ein böser, alter Mann und erinnere mich an Limahl und McGyver mit diesen Frisuren, anstatt an David Bowie, Rod Stewart, Keith Richards und Paul McCartney. Zum Glück wächst meine Toleranz, früher fand ich zum Beispiel auch den Herrendutt ganz unsäglich. Inzwischen habe ich so viele nette Männer mit Dutt kennengelernt, dass mich diese Frisur nicht mehr stört.

Viel gelernt habe ich aus dem Film *Brainwashed – Sexismus im Kino*: »Die Frau im Film: stets schön und sexy – für den ›männlichen Blick‹ geschaffen und zum sexuellen Objekt degradiert. Wie sehr war und ist die Darstellung von Frauen im Film durch den ›Male Gaze‹ geprägt?«

Durchaus spannend und überzeugend in der Beweisführung. Der männliche Blick ist ein wunderbares Thema für einen Filmvortrag, und die Regisseurin Nina Menkes hat ihren eigenen Filmvortrag verfilmt. Während Frauen nackt in Zeitlupe gezeigt werden, meistens beim Baden oder Duschen, sind die Männer am Kämpfen. Der Arsch in Großaufnahme ist Hierarchie, es ist der Arsch der Machtlosen, in seltenen Fällen auch des Machtlosen, wie der von dem Sklaven, der von seiner Besitzerin zum Sex gezwungen wird. Durch die Details des Körpers, also Schenkel, Arsch, Brüste, wird die Dargestellte zum reinen Objekt der Begierde zerlegt. Dass ich mich selber gern so abbilden lassen würde, macht es nicht besser.

Ich hoffe sehr, dass uns Filme nicht zu sehr prägen. Wie oft habe ich im Fernsehen und auf der Leinwand gesehen, wie der Mann die sich wehrende Frau gegen ihren Willen küsst, woraufhin sie aber schnell Gefallen daran findet und leidenschaftlich zurückküsst. Manchmal wird die Frau vom Mann auch aufs Bett oder gegen eine Wand geworfen, geohrfeigt oder mit dem Auto überfahren. Aber im nächsten Augenblick ist sie gefügig. Frauen wollen, dass ihr Widerstand mit Gewalt überwunden wird, so muss man es diesen Filmen entnehmen. Wie viele Vergewaltigungen gehen wohl darauf zurück? Geht es noch schlimmer?

Vielleicht. Ich habe mir den neuen Truck von Tesla angesehen. Warum? Sehe ich nicht sowieso schon zu viel Schlimmes? Es ist ein Impuls in mir, der wissen will, anstatt unwissend zu bleiben. Ich will nicht die Augen zukneifen vor der Realität und vor den Möglichkeiten der menschlichen Bösartigkeit.

Denn auch mit dem Prinzip Elektroauto kann man das Böse unter die Sonne bringen. Ein Auto, so böse wie Hitlers

Mercedes oder der VW-Bus von Charles Manson. Das Ding heißt *Cybertruck* und ist in der Mall of Shame zu sehen. Es vereinigt die Nachteile eines Lastwagens mit denen eines Sportwagens. Es kann fünf Tonnen ziehen und ist konzipiert zum Fahren auf fremden Planeten oder auf der Erde nach der Erwärmung auf über 100 Grad. Aus ökologischen Gründen nutzt das Drei-Tonnen-Monster »Cyberbeast« im Falle eines Unfalls die Knautschzonen der Unfallgegner, denn sein ultrahartes Außenskelett gibt nicht nach. Das Fahrzeug ist die Steigerung der unsäglichen SUVs, ein tödlicher Alptraum für Fußgänger, Radfahrer und traditionelle Straßenpanzer. Sterne sehen durchs Ganzglasdach. Über 200 km/h. So umweltfreundlich wie ein Holzkohlekraftwerk: »Von 0 auf 100 km/h in nur 2,7 Sekunden im Beast-Modus und überragende Hochgeschwindigkeitsstabilität. Dank Steer-by-Wire-Lenkung sowie Hinterradlenkung bekommen Sie das Handling eines Sportwagens und einen besseren Wenderadius als die meisten Limousinen.« Und sogar an die Lichtverschmutzung hat Tesla gedacht: »Der Weitstrahlerbügel leuchtet Ihren Weg bis zu 480 m aus. Das sind mehr als fünf Fußballfelder.« Endlich das Auto für die EM bei Nacht.

Ich wette, dass jedes Lebewesen, das von diesem Licht abbekommt, sofort erblindet oder verdorrt. Das einzige Fahrzeug, das bei einer Kollision mit einem anderen Fahrzeug einfach unbeschädigt weiterfährt.

Es gilt nicht nur für den Mai, sondern für immer: Nur wenn wir über unsere Zukunft Bescheid wissen, können wir die Gegenwart richtig genießen.

Zwiegespräche mit Gott – heute: Die Idee steht

Ahne

A: Na Gott.

G: Na.

A: Na, mir is bewusst jeworn, Gott, dittit übahaupt keene Regjonalzüje jibt, wo man seine Fahrzeit in Badewannen schön jenießen kann. Oda jibs da welche?

G: Nich dittick wüsste.

A: Und du weeßt ja allit, oda?

G: So würd es behauptit, ja.

A: Etwa nich?

G: Wie nich?

A: Na, du weeßt nich allit?

G: Doch. Nach eure Maßstäbe schon.

A: Aba nach andre Maßstäbe?

G: Kommt druff an nach welche.

A: Nach die von Flughunde?

G: Wo jibs denn Flughunde?

A: Gott?

G: Wollt dir nur ma testen. Ob de uff Zack bist, in Sachen Flughunde und Humor.

A: Icke, Gott, hab neulich mit Bernde zusammen, in *Willy Bresch*, 'n pah Mollen abjebissen, und dabei sind uns die allahbesten Ideen jekommen, wie man den weltweiten Rechtsruck begegnen könnte.

G: Hatte Bernde nich mit Trinken uffjehört?

A: Hmm. Hatta. Aba denn hatta wieda mit anjefangen. Uff jeden Fall hatten wa urst jute Ideen, Gott.

G: Welche denn?

A: Die meisten weeßick nich mehr. Dit is ja dit Schlümme. In Prinzip müsstiste bein Saufen dauahnd 'n Zettil und 'n Stift beiham, ständich allit mitschreim. Aba denn ...

G: Ja? Ick höre.

A: Wenn de allit mitschreibst, Gott, nimmste ja nich mehr aktiv teil, an die aktive Ideenfindung. Mit die Ideenfindung, die entwickilt ja eine Eigendünamik, bein Saufen, die jespeist würd aus die Enagie sämtlicha saufenda Pasonen. Fragt ooch nur eena an Tüsch: »Tschuldijung, noch ma langsam zun Mitschreim bitte, wat hattiste grade jesacht?«, bricht der jesamte Enagiestrom in sich zusammen, und es bleibt ein stinknormalit Jespräch übrich.

G: ... ach.

A: Ja. Wattick noch weeß, wir müssen den bösen Ideen, Gott, die imma ürrwitzija wern, jute Ideen jegenübastelln, die mindistens jenauso ürrwitzich sind.

G: Badewannenplätze in Regjonalzüje?

A: Warum nich? Stell dir ma vor, Gott, du könntist jemütlich von Lichtenberg aus mit 'n RE 666 bis Schmückenwalde gondiln, in eine Badewanne. Du sitzt in dein Schaumbad Mürre-Korianda, jelbe Gummientchen um dir her, es sind beheizbare Badewannen, brauchste nich ständich heißit Wassa nachloofen lassen, kannste janz in Ruhe da drinne liejen, nach draußen kieken, Wiesen und Kühe ziehn vorbei, jibt ooch Regale mit Büchan, kannste lesen, wenn dir langweilich is, oda mit andere Reisende in andere Badewannen der Konwersatjon frönen. Ab und zu kommt 'n Zugbegleita, fragt, ob Schnittchen jewünscht wern oda 'ne prickelnde Afrüschungsbrause. Manchma setzta sich zu euch, uffin Badewannenrand, jibt 'ne Schnurre zun Besten, aus sein amüsanten Berufsalltach, und die Krönung, es kostit nich die Welt. Haut allit der Steuazahla rin. Danke, lieba Steuazahla! Ick wär mir sicha, Gott, in so eine Welt käme niemand uff die Idee, Menschen in Kriegsjebiete abzuschieben, sie aus ihre Wohnung zu schmeißen, ihnen nich zu gönnen, dit se sind, wie se sind.

G: Badewannen jegen rechts?

A: Beheizbare Badewannen, Gott.

G: Beheizbare Badewannen jegen rechts?

A: In Regjonalzüje.

G: Und technisch soll dit wie vonstatten jehn?

A: Zun Anfang is imma erst die Idee, Gott. Und die Idee, die steht. Tschüss Gott.

G: Tschüss du.

A: Ach, Gott?

G: Ja?

A: Du hättist nich zufällich Lust, flächendeckend Regjonalzüje mit beheizbare Badewannen zu kreiern?

G: Bestell Bernde ma 'n schönen Gruß von mir.

4.
Schlimmer kann es immer sein
zum Stelldichein

Nur ein Stern

Spider

Ich vergebe einen Stern. Aber nur, weil man leider nicht null Sterne vergeben kann. Am liebsten würde ich null Sterne vergeben. Es hat überhaupt nicht geschmeckt. Wir sind satt geworden, aber wie heißt es so schön: Der Hunger treibt's rein. Es ist einfach nicht mehr so wie früher. Früher, da hat man gar keinen Grund gehabt, zu meckern. Früher hat's hier immer geschmeckt. Ich weiß, jetzt klinge ich so wie: Früher war alles besser – heute wird man nur noch verarscht – heute geht es gar nicht mehr um Qualität ... Blablabla, die olle Leier. Ich weiß, ich klinge wie so ein Nostalgiker.

Aber früher war eben wirklich alles besser. Oder vieles. Früher war mir nicht schlecht, wenn ich satt war. Früher habe ich mich auf die nächste Mahlzeit gefreut. Ist einfach so. Ich bin übrigens gar nicht sooo alt, wie ich jetzt vielleicht rüberkomme. Aber eine Eintagsfliege bin ich natürlich auch nicht. Ich sag mal so, ich weiß, dass mein Leben jeden Moment vorbei sein kann, ein Klatschen einer Menschenhand, und das war's. Und selbst wenn ich gut klarkomme, erlebe ich nicht das nächste Jahr, das ist ja wohl klar. Und seien wir mal ehrlich, den meisten geht es so. Ich finde, wir sollten uns nicht mit ekliger Nahrung abspeisen lassen. Ich bin keine Schildkröte, ich werde nicht hundert. Klar, wenn du hundert wirst, dann ist auch egal, ob du mal was Schlechtes oder auch nur was Mittelmäßiges gegessen hast. Das geht unter. Aber ich, ich als Mücke, ich habe ja nur ein paar Wochen. Mit viel Glück. Das Leben ist zu kurz für schlechte Mahlzeiten.

Am Anfang ist alles voll okay. Im Frühling, im Frühsommer. Alles lecker. Und diese Vielfalt. Fast jeder Mensch schmeckt anders. Ich weiß, ich klinge jetzt wie so ein Schnösel, der auch Jazz hört und Arte guckt, aber mich hat das begeistert. Türken schmecken anders als Almans. Polen anders als Vietnamesen. Und das alles rennt ja hier im Wald rum. Das wird ja alles serviert. Eigentlich eine perfekte Situation. Viel besser, als es in den alten Überlieferungen beschrieben wird. Wo es nur langweilige Preußen gab. Das Ganze hängt wohl mit der Ernährung zusammen. Gewürze und so. Vegetarier schmecken ganz anders als Fleischesser. Und was ist das für ein Fleisch? Schwein, Rind, Geflügel. Fisch, Obst, eben. Bio oder Fastfood. Ich will nicht drei Mal am Tag jemanden, der bei McDonald's war, aber ab und zu ist das trotzdem geil. Auch Veganer sind ein neuer Trend, der doch total interessant ist.

Und das Alter spielt auch eine Rolle. Bei Alten schmeckst du einfach ein ganzes Menschenleben. Und so ein zartes Kinderblut – Alter, da könntest du dich rein legen. Eigentlich könnten wir im Schlaraffenland leben. Eine Auswahl, von der sie anderswo nur träumen können.

Aber kaum geht es so richtig los, schmeckt auf einmal alles gleich. Und zwar nicht gut. Auf alles wird Icaridin rauf gemacht. Was für eine Scheiße! Da musst du dich richtig überwinden. Klar, die jungschen Dinger mit ihrem Schlankheitswahn, die finden das sogar gut, hab ich gehört. Isst man weniger, bleibt man schlank – am Arsch, Alter. Lass mal richtig Fettlebe halten. Saugen, bis man platzt. Aber nee, alles müffelt, alles schmeckt nach Icaridin. Sogar meine Pisse, sogar meine Kacke, wenn ich auf Toilette gehe, alles Icaridin. Mit uns können sie es ja machen. Wir haben sogar die Wahl zwischen Pest und Cholera. Gibt ja auch Menschen, die sind komplett in DEET gebadet. Kein Icaridin, sondern DEET. Ich weiß gar nicht, was mich mehr anekelt und abstößt. Essen macht einfach keinen Spaß. Mir kann auch keiner weismachen, dass das gesund sein soll. Ich denke, wir sollten ein Recht auf gute, naturbelassene Nahrung haben. Auf schmackhafte Kost. Ich würge aber, ich leide. Ja, werden jetzt wieder welche sagen, hast du kein Leben, hast du keine Hobbys? Dreht sich bei dir alles nur ums Fressen? Ey, geht mir doch nicht auf den Sack! Nennt mich altmodisch, aber ich bin keine Freundin von modernem Food. Mein mehrwöchiges Leben ist mir zu schade für Chemie im Essen. Ich bin schließlich keine Eintagsfliege. Und mir kann auch niemand weismachen, dass ihm das schmeckt. Wie gesagt: Der Hunger treibt's rein. Wie gesagt, wenn ich null Sterne vergeben könnte, würde ich das tun. So gibt es einen Stern, weil weniger nicht geht. Dieser Wald ist eine kulinarische Einöde!

Ganz hartes Pflaster

Frank Sorge

Hinter mir laufen zwei junge Männer im Gangster-Look. Sie sind muskulös und einen Kopf größer als ich, haben schimmernd bunte Kleidung an. Entgegen meiner Gewohnheit drossele ich ein wenig meine Laufgeschwindigkeit, damit sie mich überholen können.

»Ey, Mann, jetzt kommen wir voll spät, voll unpünktlich.«

»Na, und, Mann?«

»Ey, wir waren voll früh, aber du musst unbedingt noch zum Friseur, Mann.«

»Ja, Mann, is' wichtig.«

»*Ich muss zum Friseur, ich muss zum Friseur,* Mann – und jetzt sind wir voll unpünktlich.«

Ich lasse mich zurückfallen, zu viel Information verdirbt den Zauber. Schmunzelnd sitze ich in der U-Bahn und höre sie in meinem Kopf weiter lamentieren, über Fußpflege, Kirschtorten und die letzte Dauerwelle. Wie ein altes Ehepaar stelle ich sie mir vor, und wer weiß, es ist 21. Jahrhundert, es ist alles möglich.

Ganz hartes Pflaster hier jedenfalls, mitten in Berlin. Allein in der Müllerstraße – dem ehemaligen Ku'damm des Nordens – haben wir den Niedergang der Einkaufsstraße jeden Tag vor Augen. Jetzt hat noch ein gigantisches Fachgeschäft für Shishas und ein Frühstückcafé mit strahlenden Kronleuchtern eröffnet, daneben bald eine neue Pizzeria. Oft halten wir den Kindern beim Einkaufen die Augen zu, damit sie nicht alles Elend sehen müssen auf dem Weg zur *Biocompany*.

»Wie hält man das aus?«, fragen sich viele, die an den Stadtrand gezogen sind, »den Moloch, die vielen Migrationshintergründe, das kann ja nur gehen, wenn man die Umstände ignoriert oder womöglich gar romantisiert«. Das mag sein. Wir haben es jedenfalls nicht rechtzeitig mit einem Bausparvertrag aus der Stadt geschafft, bevor die Kinder in die Schule mussten, da haben wir jetzt den Salat. Nur Probleme, weil wir ja im Problemkiez sind. Problemkinder in der Problemschule mit Problemeltern und einem Lehrerproblem.

Das geht schon morgens beim Gedränge an der Eingangstür los. Mit grimmiger Problemmine halten die Problemkinder da jedem die Problemtüren auf, und wenn man ein abfälliges »Danke schön« zischt, fauchen sie ein bissiges »Bitte schön« zurück. Was das für eine Generation werden soll.

Und dann immer diese Dunkelhäutigen mit dem Messer. Sie stehen vor mir und meinen Kindern und sagen: »Na, mein Lieber, wie immer?« Und wir werden mit Dönern abgespeist, die teuer geworden sind, weil es den Mindestlohn gibt, und feindselig speien sie: »Mach's gut, mein Lieber, lasst es euch schmecken.« Und dann schenken sie den Kindern Lutscher.

Auf dem Weg zum Supermarkt kann man dann sehen, was hier aus der Jugend mit Migrationshintergrund wird, wenn sie erwachsen geworden ist. Unternehmer. Stilvoll kitschig eingerichtete Barber-Shops, wo sich junge Männer mit den schönsten Frisuren gegenseitig frisieren, ziehen überall in Gewerberäume ein, und ihre neuen Neonschilder strahlen. Durch die großen Fenster sollen wir dabei zusehen können, wie sie sich hübsch machen. Kopfschüttelnd gehe ich vorbei und denke: »Nein, Leute, das hier ist wirklich nicht Gillamoos«.

Die Verhältnisse sind hier so hart, da lauert überall der Beschiss. Beim Einkaufen im Supermarkt beschwert sich eine Frau neben mir, dass etwas falsch berechnet wäre. »Sehen Sie hier, ein Kohlrabi, 59 Euro, das kann doch nicht stimmen!«

Der Kassierer mit dem dunklen Haar lächelt unsicher, es tue ihm leid, es muss jemand mit Stornoberechtigung kommen, ein freier Mitarbeiter eilt herbei. Die Frau ist durchaus aufgebracht ob des Fehlers. Wie so etwas denn passieren könne, fast hätte sie das übersehen, wenn das keine Unfähigkeit wäre, müsste man es ja für Bosärtigkeit halten.

»Ach«, seufzt der Mitarbeiter theatralisch, »ach je, nur weil Sie schlechte Laune haben, müssen Sie doch nicht so böse zu uns sein. Das ist doch nicht schön.«

Fasziniert schaue ich rüber, diese Art Deeskalation habe ich noch nie erlebt. Sie hätte keine schlechte Laune, murmelt die Frau, aber wenn sie solche groben Fehler ...

»Nun seien Sie doch nicht so«, legt er nach und wechselt in den Ton eines Kitaerziehers, »das macht man doch nicht. Er ist ein ganz, ganz toller Mitarbeiter und immer freundlich, ein Versehen, das passiert jedem mal, da müssen Sie uns doch jetzt nicht so böse sein. Wir bringen das jetzt hier drüben ganz in Ruhe in Ordnung, und Sie bekommen die Differenz, dann ist doch alles gut.«

Die Frau stellt ihre Beschwerden ein und lässt sich auszahlen.

»Wollen Sie dazu die Quittung?« Skeptisch schaut sie ihn an.

»Natürlich.«

»Aber ja, hier bitte, gucken Sie ganz in Ruhe nochmal alles nach«, er schaut ihr noch einmal ins Gesicht. »Ich wünsche Ihnen einen ganz tollen, tollen Tag, also, dass Sie heute noch was ganz Schönes erleben. Man muss sich das Leben doch nicht gegenseitig schwer machen. Fehler passieren, wir machen auch nur unsere Arbeit, so gut wir es können, und mit guter Laune geht doch alles leichter, finden Sie nicht auch? Alles Gute, ja? Und ganz, ganz tollen Tag!«

Könnte man ihm vielleicht einen kleinen Nebenjob im Außenministerium verschaffen? Als temporärer Botschafter, der beim nächsten Telefonat mit Putin einfach mal an den Hörer gelassen wird.

»Nun seien Sie doch nicht so böse mit uns, warum denn das alles, das muss doch nicht sein.« Einen Versuch wäre es wert.

Zitate ausm Fettnapf

Mandana Katebian

Für Michael Cugialy, Andrea Bartholomä-Pörtner
und Jakob Hein

Mittlerweile ist es schon ein ganzes Jahr her, dass ich meine Therapie bei einem sehr feinfühligen Soziopathen beendet habe. Wer hätte gedacht, dass kreative Menschen Probleme haben können. Ich erinnere mich noch genau an meine erste Sitzung beim Doktor. Er war aber kein echter Mediziner, sondern bloß einer von diesen Blindgängern, die ihren Titel nur im Fachbereich Psychiatrie erworben haben. Den Doktortitel für Versager. Doktor der Versagologie.

Ich erinnere mich jedenfalls noch so gut an meine erste Sitzung, weil ich ihn an dem Tag mit einem Zitat von Robert De Niro aus einer Komödie begrüßte, in der er einen Mafiaboss spielt, der sich in psychologische Behandlung begibt, und so war das Erste, das ich zum Therapeuten sagte: »Wenn wir uns unterhalten und Sie 'ne Schwuchtel aus mir machen, bring ich Sie um!« Damit war das Eis wohl gebrochen. Und so ging es also weiter, Woche für Woche. Meistens habe ich ja während der Sitzungen versucht, von mir selbst abzulenken. Schließlich sollte der Typ nicht glauben, dass ich am Ende noch professionelle Hilfe nötig hatte.

Einmal ging es um »Selbstachtung«. Als würde dieser abergläubische Unsinn in der Realität tatsächlich existieren. Und als der olle Knödelkopp mich dann etwas zu dem Thema fragte, gab ich dem Klugscheißer gar nicht erst die Gelegenheit, eine Antwort darauf zu bekommen, sondern ich holte direkt zum Gegenangriff aus und konterte: »Sie werden für Ihre Mutter ja eine schöne Enttäuschung sein, weil Sie kein richtiger Arzt geworden sind. Wie sehen Sie das?«

Ein anderes Mal ging es um mein begnadetes Talent dafür, in jedes Fettnäpfchen reinzutrampeln, das sich mir anbietet. Einer Bekannten wollte ich einmal Trost spenden, nachdem ihr Freund sie für eine andere Frau verlassen hatte. Und was für eine Schönheit diese andere Frau war, ich lernte sie einmal in einer Kneipe kennen. Eine Flüchtlingsdame aus Syrien, mit Augen, so schön wie die Pest! Ich musste sie immerzu anschauen, so schön war sie. Irgendwann dachte ich voller Neid, dass ich auch gern Flüchtling wär. Aber meine Bekannte! Sie litt. Und ich wollte ihr wirklich ernst gemeinten Trost spenden, als ich zu ihr sagte: »Wenn diese Frau nicht so arschhübsch wäre, hätte sie sonst auch nicht viel mehr zu bieten. Außer vielleicht ihrer Freundlichkeit. Und ihren Humor. Und ihrer Intelligenz. Und ihrer Fähigkeit, jeden zu verzaubern und sofort von sich einzunehmen. Das war aber auch alles. Dafür hast du einen netten Haarschnitt.« Das ist so ein typisch überflüssiger Kommentar von mir, der wenig bis gar nicht hilfreich ist. Das Herz liegt mir eben manchmal im Maul.

Ständig muss ich mich mit meinen Aussagen selbst ins Abseits schießen. So wie damals, als ich zu einem jungen Mann, in den ich, wohlgemerkt: heimlich, verliebt war, sagte (natürlich im Suff): »Ich find dich total sexy, aber ich würd's nie zugeben.«

Dann wieder gibt es Situationen, in denen ich so trantütig bin, dass ich einfach überhaupt nicht mitbekomme, was das Problem eigentlich ist, und gerade dann mein blödes Maul aufreiße. Als ich mal bei Bekannten zu Besuch war und nicht wusste, dass die Mutter des Freundes einen Schlaganfall erlitten und eine halbseitige Gesichtslähmung davongetragen hatte und nun ausgerechnet ich ein Familienfoto schießen sollte, nahm ich meinen Freund nach mehreren missglückten Versuchen beiseite und sagte gereizt zu ihm: »Kannst du deiner Mutter nicht mal sagen, dass sie aufhören soll, so bescheuert zu gucken?«

Und dann gibt es natürlich noch die Aussagen, die eigentlich ermutigend sein sollen und dabei aber völlig nach hinten losgehen. Als meine Freundin zu mir sagte, dass sie nicht sicher sei, ob sie es sich zutrauen solle, das Abitur nachzuholen, weil sie befürchte, es nicht zu schaffen, antwortete ich: »Jeder Vollidiot schafft das Abitur. Du also bestimmt auch.«

Ein anderes Mal stellte mir eine Freundin ihren 20 Monate alten Jungen vor. Er trug eine kleine Brille mit sehr dicken Gläsern auf seinem Stupsnäschen und sah so bezaubernd süß aus, dass es kaum auszuhalten war. Leider fand meine Freundin es weder niedlich noch lustig, als ich zu dem Kleinen sagte: »Na, du Streber? Bestimmt machst du die Steuererklärung für die anderen Babys«.

So sieht es also aus mit mir und den Fettnäpfchen. Ich habe mich schon oft gefragt, was es damit eigentlich auf sich hat. Ist das reine Dummheit oder nur Unachtsamkeit? Vielleicht bin ich einfach unsensibel oder zu wenig geübt im Umgang mit anderen Menschen, weil ich mich oft zu sehr zurückziehe. Vielleicht bin ich aber auch einfach nur ein schlechter Mensch. Was auch immer der Grund dafür sein mag, eine schöne Eigenschaft ist diese Fettnapftrampelei jedenfalls nicht. Andere Menschen zu kränken, gehört nun mal nicht gerade zu den Dingen, die mich besonders stolz auf mich selber machen.

Die Erinnerungen an all diese Situationen und meine selbstkritischen Gedanken dazu gingen mir während meiner Therapiesitzung also wieder durch die Birne. Und als mein Therapeut zu mir sagte, er habe heute den Eindruck, dass ich überhaupt nicht aufmerksam sei, wenn er mit mir spreche, antwortete ich: »Keine Ahnung. Ich hör Ihnen sowieso nie zu.«

Vor den Thoren der Stadt

Susanne M. Riedel

Matze hatte mich quasi gezwungen, mitzukommen.

Wir kennen uns lang und gut, und so ist ihm nicht entgangen, dass ich in den letzten Wochen etwas leise und auf Rückzug bin, es vielleicht ein bisschen zu sehr mag, mich einzuigeln und nicht vor die Tür zu gehen.

Jedenfalls dachte ich: Ich übe das langsam mal wieder, diese Sache mit dem Rausgehen. Zum Beispiel, indem ich jetzt über meinen verdammt tiefen Schatten springe und sage: »Okay, Matze, ich komme mit.«

Die *Kristalltherme Ludwigsfelde* liegt vor den Toren der Stadt, und die Thoren der Stadt liegen auf den Liegen der *Kristalltherme*.

Matze holt mich mit dem Auto ab, wir fahren nur eine halbe Stunde. Auf dem Weg unterhalten wir uns über die Wahlergebnisse vom letzten Sonntag, während mein Blick über die Brandenburger Landschaft schweift. Die Formulierung »Ausflug ins Blaue« hat jetzt auch eine andere Dimension, geht es mir durch den Kopf, und dann stehen wir auch schon am Empfangstresen und löhnen unseren Eintritt. Rechne insgeheim, wie viele Portionen Pommes ich dafür kriegen würde, eins, zwei, viele, werde aber jäh von der Frau am Empfang unterbrochen. »Textilfrei is Pflicht bei uns, wissen se, ja?«, sagt sie streng und blickt über ihren Brillenrand auf mich und meine Badetasche, in der zuoberst gut erkennbar ein Badeanzug liegt. Matze nickt, ich sage: »Aha.«

»Schlüppitach nur Mittwoch und Sonntach«, ruft sie uns noch hinterher, während wir die digitalen Armbänder umlegen, die Schranken passieren und die Garderoben aufsuchen.

Unisex-Garderoben.

Mir fällt ein, wie neulich eine Frau im Schuhladen ein Farbpflegetuch für ihre neuen Schuhe angeboten bekam. »Ist das denn auch unisex?«, hatte sie vornehm gefragt. »Also, ich meine, unicolor?«

Man konnte nicht sehen, wie die Verkäuferin die Augen rollte, aber man konnte es hören: »Dit is für alle Farben, wenn se dit mein'...«, antwortete sie trocken, und dafür hatte ich sie in dem Moment sehr lieb.

Textilfrei also. Sei es drum.

Matze und ich haben einander noch nie nackt gesehen, wenn ich mich recht erinnere, aber wir kennen uns seit der Schulzeit; wir haben zusammen die Bundesjugendspiele durchgestanden, was soll uns da noch erschüttern. Geduscht und gänzlich textilbefreit betreten wir den riesigen Thermenbereich. Das Wort Adamskostüm geht mir durch den Kopf. Auch 'ne Art Fasching.

Wir suchen uns ein paar Liegen, auf denen wir unsere Sachen ablegen. Matze verabschiedet sich zum ersten Aufguss in seine Lieblingssauna, ich will lieber in die Schwimmbecken und orientiere mich erstmal. Verschiedene Becken, drinnen und draußen, verschiedene Temperaturen, unterschiedlicher Salzgehalt. Spannend. Groß. Weniger hipp als erwartet, angenehm.

Alles hier wirkt recht bodenständig.

Die Deko: etwas mitgenommene Gipsstatuen, griechische Figuren mit welken Hokkaidokürbissen im Arm, hier und da noch eine weihnachtliche Lichterkette, so kommt alles zusammen.

Ich starte mit dem Solebecken im Außenbereich – wo das Wort bodenständig sich direkt ins Gegenteil verkehrt. Der Salzgehalt ist hier ähnlich hoch wie im Toten Meer, mit anderen Worten: Es ist schwer, mit den Füßen, den Boden zu erreichen. Für alle, die, wie ich, ein wenig Probleme mit dem Nacktsein haben und sich denken: Ach, geht schon, ich tauche einfach schnell ein – geht nicht ins Solebecken. Ihr schwimmt oben. Alles an euch schwimmt oben, hinzu kommt, dass es dadurch sehr schwer ist, sich fortzubewegen und ewig dauert, bis man mit unwürdigen Planschbewegungen wieder die rettende Treppe erreicht. Und steigt man dann aus, fühlt man die Schwerkraft wie nie zuvor. So müssen sich Astronauten fühlen, alles an einem fühlt die Schwerkraft wie nie zuvor, und *das* nennt man dann wie? Wellness? Ich habe das Konzept noch nicht ganz verinnerlicht.

Im Innenbereich: Wassergymnastik. Dazu läuft ein bisschen *ABBA* und schlimmer Schlager, jetzt gerade zum Beispiel *Es gibt kein Bier auf Hawaii*. Im Takt sollen die Leute ihre Knie heben und mit den Schultern kreisen, immer auf die Eins, also es gibt kein Bier auf Hawaii, es gibt kein Bier – befremdlich ist der Moment, als der ausgestreckte Arm aus dem Wasser gehoben und geradeaus in die Luft gestreckt werden soll. Ein Becken weiter ist es ganz ruhig und grün beleuchtet. Immerhin. Muss trotzdem an das Flusspferdbecken im Zoo denken, auch, weil sich eine fiese Stimme in meinem Hinterkopf die ganze Zeit fragt, warum bei derart vielen Leuten die Schlange vor den Toiletten so verdammt kurz ist.

Noch ein Becken weiter gibt es tatsächlich einen Biertresen, der in das Wasserbecken gebaut ist. Planschen und Biertrinken, na guck. *Kristalltherme!*, geht mir auf. Klingt auch viel schöner als Hefeweizentherme.

Aus der Sauna zu meiner Linken kommt ein verschwitzter roter Mann, augenscheinlich kurz vor dem Kollabieren – Matze. In dem kurzen Moment, in dem er die Tür öffnet, dringen ein paar Takte von *Highway to Hell* an mein Ohr. »Männersauna«, sagt Matze glasig. »Herrlich!« Ich begleite ihn zu seiner Wasserflasche. In der Sauna nebenan läuft gerade die Frauensauna, mit lieblichen Damendüften. Das regt mich ja schon wieder auf. Überlege kurz, reinzugehen und ihnen mal zu zeigen, was ein lieblicher Damenduft ist.

»Den Aufguss in der Herrensauna hat heute eine Frau gemacht«, erzählt Matze begeistert. »Hallo, ick mach hier heute den Aufguss. Für alle, die sich beschweren wollen, mein Name is Chantalle. Für alle andern – mein Name is Natascha.« Dann habe sie Musik angemacht. *Atemlos, Ice ice Baby, Highway to hell.* In dieser Reihenfolge.

Matze und ich haben dann noch ein paar schöne Stunden, dann ist es 22 Uhr und es erklingt – völlig unironisch – *Time to say Good bye* aus den Lautsprechern.

Erschöpft und selig machen wir uns auf den Heimweg, ich fühle das Salz auf der Haut.

»Gehen wir noch auf 'ne Pommes?«, fragt Matze kurz vor Lankwitz, und einmal mehr weiß ich, warum wir schon so lange befreundet sind. Der Mann im Imbiss malt mir ein Mayonnaiseherz auf die Pommes.

Kann sein, dass ich das jetzt wieder öfter probiere, diese Sache mit dem Rausgehen.

Oldenburg in Oldenburg

Falko Hennig

Ich vergesse zur Zeit sehr viel. Meistens hat das keine schlimmen Auswirkungen. Auf der Fahrt nach Oldenburg bin ich überzeugt, meinen Computer vergessen zu haben, dann am Ziel, mein Gras zu Hause gelassen zu haben. Neulich in Neuruppin und Wildpark West war ich absolut sicher, die Slide meiner Gitarre nicht beizuhaben, dabei war alles die ganze Zeit in meiner Reisetasche.

Zum Glück habe ich meinen Kalender, in den ich mir die wichtigen Sachen reinschreibe. Aber dann vergesse ich manchmal, sie reinzuschreiben. Oder ich vergesse, den Kalender mitzunehmen. Ja, mein Kalender liegt zu Hause auf dem Schreibtisch, und ich fahre nach Oldenburg in Oldenburg und nicht etwa nach Oldenburg in Holstein.

Ich habe Angst vor jedem Anruf, es könnte *Berlin On Bike* sein, die fragen, wo ich bleibe, meine Gruppe wäre schon da. Oder jemand, den ich nicht kenne und dem ich irgendwas versprochen habe oder mit dem ich genau jetzt in einer ganz anderen Stadt verabredet bin.

Als ich meiner brasilianischen Freundin von meiner bevorstehenden Reise zur Hochzeitsfeier von Heike und Sönke erzählte, fügte ich hinzu, dass angenehmerweise Hochzeiten immer gut seien, dass immer schön gefeiert und getanzt werde und ich noch nie von einer misslungenen Hochzeit gehört hätte. Doch dann erzählte sie mir, wie sie bei einer Hochzeit war, bei der die Braut in sehr schlechtem Zustand ins Krankenhaus gebracht werden musste, die begonnene Feier ins Wasser fiel und die Ärmste sogar verstarb.

Auch ein anderer Freund erzählte mir von einer schlimmen Feier nördlich von Bremen, bei der alle um so aggressiver wurden, je mehr sie sich betranken.

Meine Liebste und ich sitzen auf der Rentnerbank, einer Spezialkonstruktion in einem Durchgang der Altstadt von Oldenburg, neben der ein Heizkörper an der Fassade installiert ist, damit sich die Pensionäre nicht verkühlen.

Oldenburg ist eine ziemlich große Überraschung. Ich war schon öfter in Oldenburg, aber wohl nie mit genug Zeit, mich auch etwas umzusehen und -zuhören. Die Oldenburgerinnen und Oldenburger sind sehr schön, und ich kann jeden von außerhalb verstehen, der schon aus diesem Grund, einmal in Oldenburg in Oldenburg angekommen, nie wieder woanders hin will, auch nicht nach Oldenburg in Holstein.

Wenn man den Namen Oldenburg hört, denkt man an eher rundliche Torfbauern, maulfaul und wenn nicht konservativ, dann in ihrer Weltanschauung braun. Immerhin war Oldenburg der erste deutsche Freistaat, in dem die Nazis die Macht übernahmen.

Stattdessen sehen wir in einem Lokal am Bahnhof *Møbel + Kaffee* Omas gegen Rechts und internationales Publikum. Das Café wird betrieben von Achim und Marcel und heißt *Käthe*:

»Der Wunsch, irgendwann den eigenen Kaffee zu rösten, begleitet uns von Anfang an. Jetzt rösten wir endlich für euch erntefrischen, hochwertigen Spezialitätenkaffee.«

Die Oldenburger sind freundlich, kommunikativ, immer zum Klönen und Schnacken aufgelegt, sie sind sauber gekleidet und hauptsächlich mit dem Fahrrad unterwegs. Schon in den 1960er-Jahren haben sie ihre historische Altstadt in eine Fußgängerzone umgewandelt und damit viele Zerstörungen verhindert, durch die andere Städte autogerecht umgebaut wurden. Es gibt viele Cafés und Buchhandlungen, und die Stadt wird dem Klimawandel angepasst.

So sind die Wege mit einem speziellen Belag versehen, der sie kühlt. Erst dachte ich, die Kühlung würde elektrisch funktionieren, aber es handelt sich um Sabalith. Laut Oldenburger Klimabroschüre ist Sabalith ein wassergebundener Bodenbelag. Ich dachte erst, es wäre ein Druckfehler und müsste richtig »wasserbindender Belag« heißen. Er sieht aus wie Ziegelschutt, der mit der roten Asche von den früheren Ascheplätzen gemischt wurde.

Wir haben jedenfalls alles richtig gemacht und sind rechtzeitig nach Oldenburg, um noch etwas mehr von der Stadt zu sehen, als nur den Yachthafen, wo am Abend die Hochzeit steigt, denn Sönke und Heike haben vor einem Jahr geheiratet und gerade Geburtstag gehabt.

Leider ist es nicht heiß genug, um die kühlen Wege richtig genießen zu können, und das ist die Schwäche des Projekts. Wenn es 30 oder 40 Grad sind, dann ist die Kühlung willkommen, dagegen bei 15 oder 20 Grad nicht.

Und wird der feuchte Weg womöglich bei Frost zu einer Todesfalle? Wer weiß, ob ihr nicht als Blitzeis-Trasse im Winter so viele Oldenburger zum Opfer fallen, wie im Sommer durch die Kühle vor dem Hitzetod gerettet werden?

Die Stadt ist sehr besonders, Oldenburg war nicht nur der Ort des ersten großen politischen Erfolges von Hitler, sondern auch der von Hindenburg. Der reaktionäre Reichspräsident, der Hitler zur Macht brachte, war hier vorher reaktionärer Infanteriekommandant gewesen und blieb bis 2015 Ehrenbürger von Oldenburg.

Oldenburg wurde im Zweiten Weltkrieg nicht bombardiert, es gibt die Legende, die Engländer hätten Flugblätter über der Stadt abgeworfen mit dem Text:

»Oldenburg werden wir verschonen,
denn hier wollen wir selber wohnen.«

Tatsächlich waren die Briten dann hier stationiert. Dass es solche Flugblätter gegeben hat, glaube ich nicht. Wenn Städte wie Dresden, die mit Flüchtlingen überfüllt waren, ohne Vorwarnung erbarmungslos samt den Menschen abgebrannt wurden, weshalb hätten sie dann den Oldenburgern ankündigen sollen, sie nicht zu massakrieren? Damit sie nicht versehentlich fliehen?

Oldenburg wurde, erste Fußgängerzone der Welt hin, erste Fußgängerzone der Welt her, am schwersten durch die Stadtplanung der 1950er- und 1960er-Jahre zerstört, und dieses Grauen kann man bis heute ansehen. Es besteht, wie im Rest der Welt, aus Autobahnen, breiten Trassen, hässlichen Hochhäusern, Versiegelung jedes freien Fleckchens Erde.

Früher, also vor 1800, war Oldenburg wohlhabend durch die Produktion von Lamborghinis. Die Autos des 17. Jahrhunderts waren Pferde, und die Oldenburger Reitpferde waren das, was heute Lamborghinis oder Rolls Royce sind, also nicht billig.

Jedenfalls sitzen wir in Oldenburg, wo die Hunte und die Bräke fließen, wo man auf die Klimaerwärmung besser vorbereitet ist als irgendwo sonst, dort sitzen wir auf der netten Pensionärsbank mit dem Heizkörper, den wir nicht brauchen.

Und da lese ich eine SMS meiner Tochter, und mir wird klar, dass ich die Katze vergessen habe!

Ich hatte zugesagt, sie zu füttern, und nun bin ich in Oldenburg in Oldenburg, und was ist genau dieses Oldenburg, in dem Oldenburg liegt? Vielleicht die Grafschaft, das Herzogtum oder der Staat, den es seit 1918 nicht mehr gibt?

Der Plan war simpel gewesen: Ich sollte von Heidi Ellas Schlüssel ausborgen und heute die Katze mit frischem Futter und Wasser versorgen. Doch gestern morgen hatte mich meine Liebste angerufen und mir mitgeteilt, dass wir nicht, wie gedacht, am Samstag zu Heike und Sönkes Hochzeit fahren würden, sondern schon am Freitag. Dabei hatte ich gerade zu meinem Filmabend ins *Freudenhaus* eingeladen, und es zeigte sich mal wieder, wie ungünstig es ist, wichtige Termine nicht in den Kalender zu schreiben. Denn wenn im Kalender für Freitag was mit der Abfahrt nach Oldenburg gestanden hätte, dann wäre das nicht passiert.

Ich schrieb allen Eingeladenen, dass ich den Film auf die Woche drauf verschob, und war froh, meine Prenzlauer-Berg-Tour nicht absagen zu müssen, denn die war zum Glück vor der überraschenden Abfahrt.

So kam es, dass ich das Füttern der Katze einfach vergaß, und nun sitze ich in Oldenburg und fühle mich sehr unwohl. Den Schlüssel zur Katzenwohnung hat Heidi. Ich versuche, sie zu erreichen, doch sie antwortet nicht. Es könnte sein, dass sie verreist ist. Ich rufe meine Tochter Ella an und gestehe ihr den Sachverhalt. Sie nimmt es gefasst auf, und ich verspreche, sie über Neuigkeiten auf dem Laufenden zu halten.

Ich versuche, am Abend mit den Hochzeitsgästen nicht zu viel an die Katze zu denken, und wenn, dann nur positiv. Hat nicht mal eine Katze in Paris zwei Jahre ohne Essen und Trinken gut überstanden? Eine Katze, die versehentlich in einem Flugzeug mit nach Australien reiste, kam nach vier Jahren etwas zerzaust, aber unverletzt wieder in Königs Wusterhausen an. Können sich Katzen nicht Mäuse fangen? Dummerweise wohnt meine Tochter im 16. Stock, und ich weiß nicht, ob es da Mäuse gibt.

Ich kann wenig tun, außer meine Nervosität bekämpfen, die mich immer wieder aufs Handy gucken lässt und nach Alternativen sucht. Aber nur Heidi hat den Schlüssel in Berlin, wenn sie nicht da ist? Feuerwehr rufen?

Meine Liebste begleitet mich, und zum Glück, denn sie unterstützt mich bei den Liedern fürs Hochzeitspaar, die es sich spontan wünscht, als es erfährt, dass ich meine Zigarrenkistengitarre mithabe. Wir spielen und singen zwei Songs, *Ich hab das Licht gesehen* und *Wedding*.

Von den Dortmunderinnen wechseln wir zum Bukowski-Tisch, ich bin dankbar, durch die Bukowski-Gesellschaft so tolle Leute kennenzulernen. Da ist Sönke selber, der Heavy-Metal-Fan. Dann dessen Frau, die Sozialarbeiterin Heike. Und dann ihre Frauengruppe, die früher gegen den Paragraphen 218 protestiert hat und jetzt gegen Nazis im halben Ruhrgebiet auf die Straße geht und die es aus feministischen Gründen bis heute gar nicht fassen kann, dass ihre Kameradin sogar zu den Bukowski-Treffen mitreist.

Einer der Hochzeitsgäste schreit mir immer ins Ohr und hat anstatt auf Gesprächsmodus auf Senden geschaltet. Je betrunkener er wird, um so lauter wird er und um so weniger achtet er auf das, was ich manchmal einwerfe. Vielleicht besteht das Problem auch darin, dass ich mein Gras aufgeraucht habe und so normaler Kommunikation nicht mehr gewachsen bin.

Es wird nicht nur von uns und dem Country-Rap-Duo musiziert, sondern auch von den Dortmunderinnen und Bochumerinnen, denn es ist Tradition, immer um Mitternacht das *Steigerlied* anzustimmen. Dazu kommt noch eine eigene Dichtung nach der Melodie *Die Gedanken sind frei*, und ein Mann singt *Dat du min Leevsten büst*. Dann geht der Tanz zu Tonkonserven weiter.

22.16 Uhr kommt der Anruf von Heidi: Sie ist nicht verreist, sondern kann direkt los, um die Katze zu füttern. Mir fallen einige Steine vom Herzen, und die Feier wird bei exzessivem Tanz immer beglückender.

Eine Hochzeit ohne Katzennot, ohne ein Schwächeln von Bräutigam oder Braut, ohne Todesfall, ohne Aggressivität im Yachtclub von Oldenburg in Oldenburg, der Stadt, die mit keiner anderen Stadt derselben Größe den Vergleich zu scheuen braucht. Weder in Deutschland noch der Welt.

Grenzgänger

Heiko Werning

Namibia hat im Nordosten eine Art Blinddarm, einen 500 Kilometer langen, meist nur etwa 40 Kilometer breiten Streifen, der vom Rest des Landes rechtwinklig abstehend weit in den Osten ragt, ein Unikum auf jeder Landkarte. Caprivistreifen hieß das Ding lange Zeit, der Name ist als Caprivi Strip auch heute noch in Namibia verbreitet, auch wenn die Region jetzt offiziell Sambesi genannt wird. Nun sind die Grenzen in Afrika ja ohnehin im Wesentlichen von Kolonialmächten am Reißbrett gezogen worden, aber beim Caprivizipfel zeigt sich der Unfug besonders klar. Zustande gekommen ist die kartographische und politische Kuriosität durch Verhandlungen des deutschen Reichskanzlers Leo von Caprivi. Der vereinbarte mit Großbritannien ein Tauschgeschäft: Dieser zuvor englisch besetzte Teil Afrikas sollte an die Deutschen gehen, wenn die den Engländern dafür die Insel Sansibar überließen, die sie sich zuvor unter den Nagel gerissen hatten. Deals wie auf einem Wochenmarkt, und irgendwer muss wohl gerufen haben: »Und ich leg noch 'n Aal obendrauf – ich muss verrückt sein!« Nur dass der Aal in diesem Fall die Nordsee-Insel Helgoland war, die zusammen mit dem Caprivizipfel an Deutschland ging.

Caprivis Idee war, mit dem Zipfel eine Verbindung zwischen Deutsch-Südwestafrika, also dem heutigen Namibia, und den ostafrikanischen Kolonien in Togo und Tansania über den Sambesi zu schaffen. Vielleicht ist es aber näher betrachtet auch kein Wunder, dass Deutschland nie eine besonders erfolgreiche Kolonialmacht geworden ist, denn der schlaue Plan hatte einen Haken. Einen 110 Meter hohen Haken, genau genommen: die Victoriafälle, die den Sambesi unschiffbar machen. Da hätte Caprivi Sansibar vielleicht lieber behalten sollen. Da kann man wenigstens schwimmen gehen.

Wo wir bei unserer Namibia-Reise nun aber schon mal so nah dran waren an den heute zu Sambia und Simbabwe gehörenden Victoriafällen, wollten wir uns dieses Naturwunder auch anschauen. 140 Kilometer trennen uns von unserem Camp am Chobe-Fluss in Namibia bis dorthin. Eine Tagestour. Einziges Problem: Man passiert dabei pro Fahrtrichtung zwei Grenzen – denn man muss durch Botswana nach Simbabwe.

Wir dürfen mit unserem Wagen ohnehin nicht über die Grenze, also buchen wir eine Tagestour bei Barbara, einer resoluten, schwarzen Botswanerin.

Die Grenze zwischen Namibia und Botswana ist schnell erreicht. Punkt sieben Uhr wird sie geöffnet. Eine Horde Paviane huscht empört davon, als der Grenzer das große Eisentor öffnet und ein Autokorso den Parkplatz flutet. Wir müssen alle ins Grenzhäuschen, um dort das Ausreiseformular für Namibia auszufüllen. »Aber wir kommen doch heute Abend schon zurück?«, fragen wir erstaunt. »Ja, dann müsst ihr wieder das Einreiseformular ausfüllen.« Eine Grenzbeamtin prüft gelangweilt die ausgefüllten Zettel, einschließlich der internationalen Geburtsurkunden unserer Kinder; ein Dokument, von dessen Existenz wir bis kurz vor Reiseantritt noch nichts geahnt hatten. Dabei gibt es einen UNO-Beschluss, dass es generell beim Grenzübertritt von Minderjährigen von den Eltern vorzuweisen ist, um internationalen Kindesverschleppungen vorzubeugen. Der wird allerdings weltweit großzügig ignoriert, außer im Süden Afrikas, der sich also als mehr oder weniger einziger Teil der Welt an die Regeln hält, was die Touristen aus Deutschland als weiteren Beleg für die afrikanische Dysfunktionalität betrachten.

Danach bekommen wir einen schönen Ausreisestempel in den Pass, die Formulare werden einbehalten und wandern vermutlich in irgendwelche gigantischen Archive, wo Abermillionen völlig sinnfreier, unleserlich krakelig ausgefüllter Aus- und Einreiseformulare eben verwahrt werden. Es wird sicherlich Menschen geben, die ihren Lebensunterhalt damit verdienen, diese Zettel abzuheften und einzulagern.

Mit uns reist eine deutsche Reisegruppe aus Hamburg, zwei ältere, offenbar wohlhabende Paare, typische Hamburger Großbürger, vornehm gekleidet, unterkühlt im Auftritt. Sie murren vernehmlich angesichts der bürokratischen Vorgänge und äußern Bemerkungen, die klar machen: Hier sehen die ehemaligen Kolonialherren zu, wie ohne sie halt alles vor die Hunde geht. »Schon mal in Berlin beim Bürgeramt gewesen?«, gebe ich zu bedenken, »da hättet ihr nicht mal die Chance, euch einfach so anzustellen.«

Nun gehen wir zu Fuß weiter zum Grenzhäuschen von Botswana. Hier gilt es zunächst, wir schreiben den Sommer 2022, ein Corona-Zertifikat zu ergattern. Dafür ist vor dem Grenzhäuschen ein kleineres Corona-Grenzhäuschen errichtet worden. Dort muss man seinen digitalen Corona-Impfpass vorzeigen. Der wird mit einer völlig neuartigen Technologie, die wir schon bei der Einreise in Windhoek bestaunt haben, von einem Beamten der Gesundheitsbehörde geprüft

– nämlich per Scannen des QR-Codes mit bloßem Auge. Der Mann schaut konzentriert auf den QR-Code, dann nickt er. Wir haben den Check bestanden. Deshalb bekommen wir ein Corona-Zertifikat auf Papier, das man dann im eigentlichen Grenzhäuschen wieder vorlegen muss.

In Botswana gilt strenge Maskenpflicht. Ohne darf man nicht ins Grenzhäuschen. Das stand auf dem Info-Zettel für die Tour groß drauf. Die Hamburger empören sich: In Deutschland gebe es schließlich keine Maskenpflicht mehr, wieso sie dann hier eine Maske tragen sollten? Vorsichtig versucht Barbara ihnen beizubringen, dass Botswana inzwischen ein eigenständiger Staat sei und seine Corona-Regeln nicht in Deutschland erlassen werden. »Aber wir haben keine Masken!«, rufen die Hamburger. Barbara rollt mit den Augen und macht sich auf zu einer der kleinen Verkaufsbuden neben der Grenzstation. Ein paar Minuten später kommt sie mit Masken zurück. Statt sich zu bedanken, grummeln die Hamburger indigniert, als sie sich die Maske aufsetzen.

Schließlich erreichen wir die Grenze nach Simbabwe. Die Ausreise aus Botswana verläuft entspannt, aber bei der Einreise in Simbabwe herrscht ein spürbar anderer Ton. Ich komme mir vor wie früher an der Transitstrecke von Westdeutschland nach Westberlin bei der Kontrolle durch die DDR-Grenzer. Hier wird Wert auf Autorität gelegt. Tatsächlich von oben herab – sie haben ihre Schalter extra einen halben Meter erhöht gebaut – sitzen Grenzer in sehr geschniegelten Uniformen mit sehr vielen Abzeichen darauf und gucken besonders misstrauisch auf die QR-Codes unserer Handys. Anschließend übertragen sie alle Angaben aus unseren Pässen per Hand in die Einreiseformulare; derart bedeutende Papiere lässt man hier nicht von inkompetenten

Touristen selbst ausfüllen. Das dauert. Die Hamburger lästern überheblich. Ich hoffe inständig, dass der Grenzer kein Deutsch versteht. Uns lässt er nach etwa einer Viertelstunde passieren. Bei den Hamburgern fängt er die Prozedur an, dann steht er mittendrin plötzlich auf und geht kommentarlos weg. Die Hamburger stehen fassungslos vor dem Schalter, aber nichts passiert. Sie schimpfen und zetern, aber der Grenzer lässt sich nicht mehr blicken. Barbara, die mit uns wartet, zuckt mit den Schultern und deutet unauffällig hinter das Grenzhäuschen – da steht der Beamte und raucht erst mal eine. Und dann noch eine. Erst danach geht er betont langsam wieder zurück und fährt damit fort, die Hamburger Pässe abzuschreiben. Offensichtlich hat er die Hamburger doch verstanden – gut genug jedenfalls.

Endlich kann es weitergehen zu den Wasserfällen. Um sie frontal zu sehen, muss man auf die Grenzbrücke zwischen Simbabwe und Sambia. Dafür muss man allerdings erst wieder aus Simbabwe ausreisen. Immerhin, für Brückentouristen gibt es ein vereinfachtes Verfahren, aber ohne den Pass vorzuzeigen und neue Stempel geht es natürlich nicht. Wir bekommen einen Brückenpassierschein, mit dem wir auf die Brücke dürfen, aber natürlich nicht nach Sambia. Dann geht es zurück nach Simbabwe, Pass vorzeigen, neuer Einreisestempel. Unsere Kinder sind begeistert, der Reisepass wird zunehmend zum Sammelalbum.

Nachmittags dann dieselbe Prozedur wieder zurück. Man muss es als Teil des Reiseerlebnisses sehen. Und als Lehrstunde in Sachen Vorteile der Reisefreiheit in Europa. Ich würde gerne all die Trottel, die von endlich wieder ordentlichen Grenzen in Europa träumen, dazu verdonnern, diese Tour hier eine Woche lang täglich mitzumachen, bis sie garantiert zu glühenden Schengen-Verehrern geworden sind.

Am Ende wollen die Hamburger nicht bezahlen. Vielmehr: Sie wollen nicht so bezahlen, wie vereinbart, nämlich in Pula, der botswanischen Währung. Sie haben nur Namibia-Dollar dabei. Schließlich seien sie Namibia-Urlauber. Aber Barbara ist eine botswanische Tour-Anbieterin. Das habe ihnen niemand gesagt, sagen die Hamburger. Das steht groß auf den Tour-Info-Zetteln, sagen wir. Woher sie denn wissen sollen, was Pula bedeutet, sagen die Hamburger, Pula, so heiße doch keine seriöse Währung, das klinge ja schon unanständig. Dann fährt sie die Hamburger eben zu einem Bankautomaten in Kasane, wo sie Pula abheben können, sagt Barbara. Sie werden doch jetzt keine Pula abheben, sagen die Hamburger, die können sie in Namibia ja gar nicht ausgeben. Sie bestehen auf Kartenzahlung. Das geht aber nur im Büro von Barbara, weshalb wir doch erst einmal nach Kasane fahren müssen. Was denn so ein Pula eigentlich wert ist, wollen die Hamburger wissen. Er ist etwa 1,2 Mal mehr wert als der Namibia-Dollar. Aber dann wäre die Tour ja 20 Prozent teurer als gedacht, sagen die Hamburger. Als von euch gedacht vielleicht, sagen wir, aber was ihr euch für Preise ausdenkt, ist doch völlig unerheblich, auf dem Zettel steht ja nun ausdrücklich der Pulapreis. Das sei doch Absicht, dass die in Namibia Pula-Preise auslegen, das sei doch nur wieder ein Versuch dieser Afrikaner, uns deutsche Touristen abzuzocken, weil sie glauben, mit uns könnten sie es ja machen. Schön wär's ja, denke ich, und angemessen auch.

Nach langem Gezeter und erst nach Barbaras ausdrücklichem Hinweis, dass die Grenze nach Namibia um 18 Uhr schließe, zahlen die Hamburger am Ende doch noch. Nun rast Barbara mit 140 durch den Wald des Chobe-Nationalparks, damit wir es noch rechtzeitig zur Grenze schaffen. Sie solle nicht so schnell fahren, schimpfen die Hamburger. »Um sechs macht die zu«, ruft Barbara. »Aber wir sind deutsche Touristen, die werden uns ja wohl noch durchlassen«, rufen die Hamburger.

Um kurz vor sechs sind wir an der Grenze und kommen gerade noch durch. Direkt hinter uns wird das Tor abgeschlossen. Die Paviane kommen zufrieden zurück.

Wir sehen Barbara am nächsten Tag an unserem Camp wieder. Bei dem ganzen Theater habe sie bei den Hamburgern auf dem Kartengerät am Tag zuvor versehentlich eine Stelle zu wenig eingegeben, die Hamburger haben also nur ein Zehntel des Preises bezahlt. Die Hamburger weigern sich aber, den Rest zu zahlen. »Geschäft ist Geschäft«, sagen sie, und: »Da muss die eben besser aufpassen. Das ist ja nicht unsere Verantwortung.« Und dann sagen sie noch: »Wir zahlen doch sowieso schon so viel Entwicklungshilfe an ganz Afrika!« Ich gehe noch einmal zu Barbara und erkläre ihr, dass ich diese Leute nicht kenne und dass wir nichts mit ihnen zu tun haben. Sie sagt: »Ach, Arschlöcher gibt es überall. Muss euch nicht peinlich sein. War nett, euch kennengelernt zu haben.«

Fiktives Urlaubstagebuch

Ahne

Montag: Es ist voll warm hier im Süden. Ein Schmetterling hat sich auf meine Nase gesetzt. Das kitzelt. Von Ferne dringt Wellengeplätscher herüber. Das Meer. Azurblau. Ich bleibe trotzdem liegen. Ich muss ja nichts tun.

Am Nachmittag klingelt es. Der Wecker. Was macht denn der Wecker hier? Schmeiße ihn gegen die Wand. Nach dem Aufstehen Zähneputzen. Dann wieder ins Bett.

Dienstag: Es ist angenehm warm hier, im Süden. Und dieser Strand. Weißer Strandsand. Ich habe eine Muschel gefunden. Am Strand. Ganz in der Nähe soll es 'ne Eisbude geben, hat die schöne Frau erzählt, von der ich geträumt hab.

Soeben beschlossen, mal die nähere Umgebung zu erkunden. Die Berge. Vielleicht gibt es ja Affen. Oder Löwen? Mache ich, wenn ich den Kaffee ausgetrunken hab. Oder morgen.

Mittwoch: Heute geht es in die Berge. Ich will mal die nähere Umgebung erkunden. Es ist voll warm hier, im Süden. Es reicht, wenn ich mir ein Tuch um die Hüften binde. Warum nicht dieses Tischtuch hier? Die Einheimischen laufen sicher alle so rum. Und Sonnenbrille nicht vergessen. Die ist wichtig, weil ja immer die Sonne scheint. Obwohl, in den Bergen? Da ändert sich das Wetter schnell, hört man immer wieder, von Reinhold Messner.

Aber ich muss ja nicht in die Berge, fällt mir ein. Ich hab ja Urlaub. Ich kann mich einfach wieder hinlegen und Gott einen guten Mann sein lassen. Gehe ich eben morgen in den Tierpark.

Donnerstag: Heute schön essen gewesen. Klopse mit Reis. Es gibt hier alles mit Reis. Das ist hier so, im Süden. Alles mit Reis. Überall Reis, wo du hinguckst. Reis. Ich habe diese Stäbchen benutzt, die es hier immer gibt.

Das ist, zum Anfang ist das schwer, mit denen zu essen. Zum Anfang kriegst du immer nur ein Reiskorn auf einmal in den Mund, die anderen fallen alle durch, hinunter, aber mit der Zeit, da geht das. Ich bin schon bei zwei, und ich hab ja Zeit.

Bei den Klopsen ist das einfacher. Da bohrst du einfach dein Stäbchen in den Klops, spießt den so auf, und dann führst du den Klops zum Mund und kannst ihn rundherum abknabbern, wie einen kandierten Apfel.

Hat summasummarum einen Euro gekostet, mit Getränk noch, Cocktail. Das ist hier so. Das ist hier so üblich, dass es hier so billig ist. Weil ja alles von hier kommt. Das wächst ja alles hier, Reis, Klopse. Das kaufen sie hier auf dem Markt, und da ist es eben billiger als bei uns im Einkaufsladen.

Musst du natürlich handeln, klar, sonst ist es genauso teuer. Aber hier handelt eigentlich jeder. Wenn du hier nicht handelst, ja, dann bist du ..., wirst du schal angesehen. Dann ist sofort klar, der ist nicht von hier. Aber merken sie sowieso, weil ich so schwitze. Und man sieht das ja auch. Man sieht ja anders aus. Blass. Kränklich. Trotzdem, ich denke, man sollte sich ein wenig den Sitten und Gebräuchen anpassen. Das hat auch was mit gegenseitigem Respekt zu tun, finde ich. Ich würde hier zum Beispiel nicht nackt ins Kino gehen oder besoffen in die Straßenbahn pinkeln.

Freitag: Ein wunderschöner Morgen. Die Sonne ist aufgegangen, und alles ist voller bunter Kolibris. Ganz kleine Vögel. Winzig klein. Oder es sind Fliegen.

Zum Frühstück habe ich mir einen Früchtesalat bestellt, mit exotischen Früchten. Ich kenne nicht einmal die Namen der Früchte. Manche sind ganz gelb und krumm gebogen, andere sehen aus wie dieses Logo von dieser Computer-Firma. Ich frag nachher mal an der Rezeption. Könnte mir gut vorstellen, dass sie hier auch eine Sauna haben. Obwohl, brauchen sie eigentlich nicht. Ist ja immer warm. Ich muss direkt mal die Gardinen zuziehen, so warm ist es.

Auf der Hazienda gestern noch ein Ehepaar aus Düsseldorf getroffen. Die machen hier auch Urlaub. Nie hat man seine Ruhe.

Sonnabend: Irgendwas scheint unten am Strand los zu sein. Ein Höllenlärm. Musik oder so was. Es ist dermaßen laut, sodass man die Stimme von der Nachrichtensprecherin im Fernsehen gar nicht mehr hört. Vielleicht gehe ich nachher mal runter, mir das angucken. Jetzt mache ich erst mal den Fernseher lauter. Eigentlich auch Quatsch, weil ich die Sprache nicht verstehe, beziehungsweise, ich bin am Lernen. Television heißt Fernsehen, könnte ich mir vorstellen. Das Programm, muss ich mal kritisch anmerken, ist nicht besser als das Fernsehprogramm bei uns zu Hause. Alles nur Mist, ständig nur Mist. Na ja, aber zum Glück ist ja Urlaub, was soll man sich da aufregen? Bringt nichts, im Urlaub. Macht man sich nur den schönen Urlaub kaputt.

Am Abend bis tief in die Nacht Ansichtspostkarten geschrieben. Die wissen zu Hause überhaupt nicht, wie schön es hier ist.

Sonntag: Heute geht es wieder zurück nach Hause. Eine erlebnisreiche Woche liegt hinter mir. Ein Urlaub, von dem ich noch eine erkleckliche Weile werde zehren können. Unvergessliche Augenblicke. Die Muschel. Reis. Ich habe eine fremde Kultur kennenlernen dürfen, in mich aufgesogen, so etwas hinterlässt ja Spuren. Sicher werde ich die Welt nun mit anderen Augen sehen. Könnte mir vorstellen, die Arbeitskollegen zu Hause, die erkennen mich gar nicht wieder. Die Steifheit aus den Bewegungen, verschwunden. Der Süden, er hat Besitz ergriffen von mir. Warum die Sache nicht mal etwas lässiger angehen? Heute ist auch nur ein Tag. Anmut sparet nicht noch Mühe, olé!

Schnell noch von der Rezeptionistin verabschieden und die Getränke aus der Minibar bezahlen. Soll ich das Bett abziehen? Ach was.

Oder doch, ich ziehe schnell noch das Bett ab. Habe ich schon gesagt, dass es hier unglaublich warm ist?

5.
Wir stoßen auf die Hoffnung an, gemeinsam voran!

Alles außer braun

Susanne M. Riedel

Sonntagmorgen, die Jungs und ich sind gerade mit dem Frühstück fertig und räumen den Tisch ab. Ein sanftes Vibrieren von mehreren Seiten zeigt den Eingang einer neuen WhatsApp-Nachricht an, vermutlich im Chat der Großfamilie, mit vorauseilender Skepsis greife ich nach meinem Smartphone.

Mit dem Chat der Großfamilie ist es so eine Sache.

Im Großen und Ganzen hat sich die Anzahl der Nachrichten insgesamt und der Emojis im Besonderen auf einem händelbaren Niveau eingependelt, inhaltlich allerdings ist es zuweilen etwas schwierig.

Doch jedes Mal, wenn ich denke: »Jetzt reicht's, ich verlasse die Gruppe!«, postet meine eine Cousine irgendein zauberhaftes altes Foto von uns oder meine andere Cousine das Rezept der legendären Pflaumentaschen unserer Großtante Gisela – und dann werde ich wieder ganz weich.

Für das inhaltlich Schwierige zeichnet in erster Linie unser Cousin Rainer verantwortlich, und siehe da – die neue Nachricht ist von ihm.

Ein Foto ist es. Es zeigt die Rückansicht eines sehr kahlköpfigen, breitschultrigen Mannes mit einer sehr großen Deutschlandfahne auf dem schwarzen T-Shirt.

Möglicherweise gibt es irgendeinen sportlichen Kontext,

hofft es noch kurz in mir, aber dann lese ich die Schrift darunter: *Wenn du ein Problem mit dieser Flagge hast, helf ich dir beim Packen.*

Das synchrone Seufzen meiner Söhne, gefolgt von synchronem Kopfschütteln, zeigt an, dass sie das Bild auch gerade betrachten.

Während der Ältere und ich noch darüber fabulieren, was eine angemessene Antwort wäre, ist der Jüngere offenbar schon wieder in seinen Bildschirm abgetaucht. Dass gerade er so ruhig bleibt, wundert mich, ist er doch sonst derjenige von uns, der sich am häufigsten auf Diskussionen mit Rainer einlässt. Egal ob es um Klimawandel, Genderhäme oder Islamfeindlichkeit geht: Er bleibt ruhig, integer, diskutiert Rainer gelassen in die Ecke und gibt den King of Faktencheck. Ich liebe es.

Klar könnten wir alle die Gruppe verlassen.

Könnte Rainer ja auch, der uns erklärtermaßen für linksgrünversiffte Schlafschafe hält. Aber wer weiß – indem wir im Gespräch bleiben, bewegen wir am Ende vielleicht doch nochmal ein paar klitzeklitzekleine Rädchen in den braun verkrusteten Hirnwindungen? Und wenn nicht dies, so sind wir zumindest eine repräsentative Erinnerung an die Welt da draußen, von der er hinter seiner Bildschirmbubble ansonsten nicht mehr allzu viel zu Gesicht bekommt.

Neulich allerdings hatte der Jüngste sich eine fiese Bemerkung eingefangen, die ihn schon merklich getroffen hat. Er war gerade von seiner Erstsemesterfahrt zurückgekommen, angemessen verkatert, vergnügt, mit Resten von Kajalstift um die Augen und im Suff lackierten Fingernägeln – ich war sehr stolz. So stolz, dass ich eines der sehr lustigen Gruppenbilder in den Familienchat schickte, wo er von den diversen Tanten und Cousinen umgehend mit reichlich Herzchen gesegnet wurde.

Rainer hingegen verhöhnte ihn deswegen. Keine richtigen Männer mehr heute, sexuell verstörte Generation, das volle Programm.

Ist er vielleicht deshalb gerade so still, der Jüngste, weil ihm das noch nachhängt?

Meine Gedanken werden vom erneuten Vibrieren meines Handys unterbrochen. Ach guck: eine Nachricht eben jenes Sohnes im Familienchat.

Unkommentiert schickt er das Bild des kahlköpfigen Mannes zurück in die Gruppe – mit dem winzigen Unterschied, dass er die Deutschlandflagge gegen eine Regenbogenfahne ausgetauscht hat.

Der Satz ist geblieben:

Wenn du ein Problem mit dieser Flagge hast, helf ich dir beim Packen.

Mein Mutterherz glüht, vor lauter Rührung backe ich ein paar Pflaumentaschen. Nachher wollen wir noch eine Runde *Scrabble* spielen, wer weiß, vielleicht lackieren wir uns die Fingernägel vorher in allen Farben des Regenbogens. Alles ist erlaubt. Alles außer braun.

Schlüppa

Mandana Katebian

Für Micha

Warum können eigentlich nicht alle Babys so arschsüß aussehen wie Hitler? Kennt Ihr das Foto von Baby-Hitlerchen, auf dem er speckig und kugelrund auf seinem kleinen Hintern sitzt, mit einem viel zu kurz geratenen Pony und diesen arschriesigen Glubschäuglein, aus denen er fragend und irgendwie traurig in die Welt schaut? So, so süß! Es wurde ja schon häufig darüber spekuliert, wie man aus heutiger Sicht verhindern würde, dass aus Hitler das wird, was er geworden ist. Der Legende nach wäre er als Vierjähriger beinahe ertrunken, ist in letzter Sekunde aber doch noch gerettet worden. Viele sagen, dass sie ihn aus heutiger Sicht einfach ersaufen lassen würden, um zu verhindern, dass passieren wird, was passierte. Eine Gewaltherrschaft durch einen Akt der Gewalt aufzuheben versuchen, das ist so gewöhnlich und flach und so widerlich menschlich.

Ich hab einen viel besseren Plan. Also: Erstmal warte ich ab, bis Zeitreisen erfunden wurden. Und wenn die Kackwissenschaft damit endlich mal aus ihrem fetten Arsch gekommen ist, scheißer ich zurück zu Baby-Hitlerchen und werde verhindern, dass er zum Massenmörder wird. Nämlich, indem ich seine klitzekleinen Stinkefüßchen kitzeln werde. Sanft an seinen kleinen Zehchen ziehe, ihm Wampenpüpse gebe (das ist, wenn man mit seinem Maul auf der nackten Babywampe Pupsgeräusche erzeugt), seine winzigen Fußsohlen und die speckigen Gesichts- und Pobäckchen küsse, ihn ganz dolle zum Lachen bringe und ihm so viel Zärtlichkeit, Fürsorge, Liebe, Geborgenheit und Schutz entgegenbringe, dass er einfach überhaupt keine andere Wahl mehr hat, als zu einem großherzigen, liebenden Menschen heranzuwachsen und seine blöde Kackscheiße bleiben zu lassen.

Und danach gehe ich dann die ganzen anderen Idioten durch. Putin, Orban, Jong-un, al-Assad, al-Bashir, Ortega und Ahne. Ich bin sogar dazu bereit, die ekligen, orangen Füßchen von Baby-Trump zu küssen und zu kitzeln. Und auch die all der anderen Arschlöcher, die noch leben oder auch schon tot sind, um rückwirkend durch Wampenpüpse zu verhindern, dass sie sich zu Diktatoren, Menschenverachtern und Völkermördern entwickeln.

Vielleicht sollte ich der NASA auch endlich mal Bescheid sagen, dass ich 'n Wurmloch im Keller habe. Das stimmt wirklich, glaubt mir nur wieder keiner. Also, einmal war plötzlich aus heiterem Himmel mein kleines, speckiges Kätzchen verschwunden. Ich habe sämtliche Kellerräume 8.000 Mal nach ihr durchsucht, den Innenhof und natürlich auch meine schrottige Bude. Als nach 26 Stunden immer noch keine Spur von Piemie 3 (ich hab einen ziemlich hohen Katzenverschleiß) zu finden war und ich ein letztes Mal den Keller absuchte, bevor ich eine Vermisstenanzeige schreiben wollte, hockte sie plötzlich da, als wäre sie nie weg gewesen, glotzte mich aus ihren riesigen Glubschern an und sah fast so süß aus wie Hitler.

Na ja, und die einzige und vor allen Dingen logischste Erklärung dafür ist nun mal, dass ich 'n Wurmloch im Keller habe, in das sie versehentlich hineingeraten ist und so in einer anderen Dimension verschwunden war. Irgendwie wurde sie dann aber wieder in unsere Dimension zurück teleportiert. Ich hab ihr dann ein GPS-Halsband besorgt, um immer sehen zu können, wo sie sich gerade aufhält. Das Problem beim GPS ist halt aber, dass es einem eben nur anzeigen kann, an welchem Ort sich jemand befindet. Aber nicht in welcher Dimension.

Hat jemand zufällig die E-Mail-Adresse von der NASA? Dann schreib ich den Klöpsen mal, dass sie ihre Suche nach 'nem Wurmloch im Universum abbrechen können und einfach mal bei mir in der Ackerstraße vorbeischeißern sollen. Ich bin bisher nur noch nicht dazu gekommen, es ihnen zu erzählen, weil ich ständig den Kack-Einlass bei der *Reformbühne* machen muss.

Bestimmt wurden Hitler und die ganzen anderen Idioten nur zu solchen Arschlöchern, weil ihnen als Babys nie jemand Wampenpüpse gemacht hat. Natürlich gibt es auch Psychopathie als schwere Persönlichkeitsstörung, die neurologisch bedingt auftritt und bei der bestimmte Hirnregionen Struktur- oder Funktionsdefizite aufweisen und somit die Empathielosigkeit dieser Menschen auch durch Wampenpüpse und Füßchenkitzeln in der Säuglings- und Kleinkindzeit nicht zu verhindern wäre. Einen Versuch wäre es aber zumindest trotzdem auf alle Fälle wert. Hätte meine Mutter mir als Göre ab und zu mal 'n paar Wampenpüpse gegeben, anstatt mir immer nur zu sagen, dass ich nicht mal den Dreck unter ihren Fingernägeln wert bin, wäre aus mir vielleicht auch ein besserer Mensch geworden.

Ich verstehe auch nicht, warum bisher noch nie jemand auf die Idee gekommen ist, Babys zu unseren Diktatoren zu machen. Und Viecher zu unseren Vize-Diktatoren. Weil Viecher und Babys einfach so arschsüß sind und viel bessere

Diktatoren abgeben würden als diese ganzen schwachköp-
pigen Vollidioten, die jetzt umherrennen. Babys und Viecher
sind nämlich viel intelligenter als wir bekackten Erwachsenen und Nicht-Viecher. Die kommen nämlich nicht auf die
Idee, im Namen irgendeines idiotischen Gottes oder eines
hohlköppigen Patriotismus oder sonst eines beschissenen
Idealismus zu morden und zu unterdrücken, zu foltern und
zu vergewaltigen, zu diskriminieren, zu verachten und zu
hassen. Viecher und Babys brauchen diese ganze Scheiße
nicht. Die sind nämlich schon glücklich, wenn man ihnen
hin und wieder ein paar Wampenpüpse gibt, wenn sie unbeschwert und gemütlich kacken können und wenn sie einfach nur zärtlich und liebevoll behandelt werden. Und das ist
schon alles. Denkt mal drüber nach.

Ein N-Wort mit Gazelle zagt im Nieselregen nie

Heiko Werning

Meine 94-jährige Mutter hat es tatsächlich geschafft. Nach einem Sturz und einem anschließenden viermonatigen Horrortrip durch Krankenhaus, Kurzzeitpflege, Pflegeheim und Reha ist sie wieder zurück nach Hause gekommen. Ich bin die ersten Tage bei ihr in Münster, um ihr bei der Resozialisierung zu helfen. »Und? Worüber freust du dich am meisten?«, frage ich sie. Sie antwortet ohne zu zögern: »Dass ich endlich wieder was Richtiges zu essen kriege!« »Es gab nichts Richtiges zu essen in der Reha?«, frage ich erstaunt. »Nein. Das ist ja so eine Reha-Klinik für alles mögliche. Also auch für Ernährung. Also für Leute mit Essstörungen.« »Und deshalb gibt es nichts zu essen?« »Doch, aber nur so gesunde Sachen.« »Wie – gesunde Sachen?« »Na ja, Gemüse und so.« »Und was ist da das Problem?« »Ich esse kein Gemüse mehr.« »Aber du hast mir früher auch immer Gemüse gekocht und gesagt, dass ich das essen muss, weil es gesund ist.« »Ja, das war ja auch richtig. Du warst jung. Da ist gesunde Ernährung wichtig. Aber ich bin 94. Ich muss jetzt wirklich nicht mehr darauf achten, ob irgendwas langfristig nicht so gut für mich ist. Ich will Currywurst. Das ganze Brokkoli-Zeugs sollen die jungen Leute essen, die brauchen noch Vitamine und müssen aufpassen, dass sie später keinen Krebs kriegen und kein Übergewicht. *Du* solltest viel mehr Brokkoli essen! Aber nicht heute. Hol uns heute Mittag mal eine Currywurst!«

Die Begeisterung für Currywurst ist nach meiner Erinnerung eine bizarre Alterserscheinung bei meiner Mutter. Ich kann mich nicht erinnern, dass es Currywurst während meiner Kindheit und Jugend in Münster überhaupt gab. Ich glaube, ich habe meine erste Currywurst tatsächlich erst gegessen, als ich mit 21 Jahren nach Berlin gezogen bin. Bei uns zu Hause hatte es die jedenfalls nie gegeben, nicht mal, wenn man was von der Pommesbude geholt hat. Da gab es eher Hähnchen und Pommes. Vielleicht, weil Currywurst zu proletisch klang im bürgerlichen Münster? Zu sehr nach Ruhrgebiet? Oder weil Curry was Ausländisches war? Ausländisches Essen war immer schwierig. Mein Vater hat sogar Pizza als neumodisches Ausländeressen abgelehnt, das für ihn als Westfalen nicht in Frage kam. Bis er ungefähr Mitte 50 war. Dann plötzlich hat er praktisch nur noch Pizza gegessen. Sage niemand, ältere Menschen wären nicht in der Lage, Vorlieben und Verhaltensweisen zu ändern. Irgendwann ist also bei meiner Mutter, ich würde tippen im Alter ab 90, eine erstaunliche Begeisterung für die Currywurst durchgebrochen. Sie ist für ihr Alter nicht zu schwer, und sie hat alle paar Wochen ein unbändiges Verlangen nach Currywurst. Warum also es ihr nicht erfüllen?

Vor etwa zwei Jahren bekam sie plötzlich akute krampfartige Bauchschmerzen, die sie nicht ertragen konnte. Es war ziemlich schrecklich, ich war zufällig gerade in Münster und dachte, dass es jetzt um sie geschehen sei. Meine Mutter wehrte sich aber standhaft dagegen, dass ich den Notarzt rief, und weil es ein Sonntag war, verständigte ich also den ärztlichen Notdienst. Eine Erfahrung, die ich niemandem wünsche. Machen wir's kurz: Der ärztliche Notdienst ist ein Dreck. Er funktioniert nicht. Er ist eine Frechheit. Es dauert Stunden, bis vielleicht mal jemand kommt, vorher aber muss man Ewigkeiten in Telefonwarteschleifen verbringen und absurde Fragebögen fernmündlich beantworten, mit dutzenden Angaben zu diesem und jenem, während im Hintergrund die eigene Mutter vor Schmerzen schreit und heult, und kaum hat man versichert, dass sie als Überneunzigjährige vermutlich gerade nicht schwanger ist, wird einem mitgeteilt, dass im Lauf der nächsten paar Stunden vermutlich jemand vorbeikomme. Wenn man dann vorsichtig Unmut über die Wartezeit kundtut, wird einem gesagt, man könne ja auch den Notarzt rufen. Aber dann geht's ins Krankenhaus, und da will meine Mutter nicht hin, was ich immer als unvernünftig gescholten habe. Heute, nach eben jener viermonatigen Episode, die im Kern gar nicht mit dem Sturz, dessen Folgen sowieso nicht behandelt wurden, sondern mit einer im Krankenhaus zugezogenen Dreifachinfektion ihren Ausgangspunkt nahm, muss ich ihr Recht geben. Ab einem gewissen Alter würde ich das Krankenhaus wohl auch lieber meiden, wenn es irgendwie geht.

Aber dieser ärztliche Notdienst ist jedenfalls keine sinnvolle Alternative. Nach fünf Stunden Wartezeit kam dann tatsächlich eine Ärztin. Sie holte ihr Stethoskop heraus, horchte meiner Mutter ein bisschen auf dem Bauch herum, fragte, was sie gegessen habe, und als ich wahrheitsgemäß mit »Currywurst« antwortete, gab es eine Abreibung, die sich gewaschen hatte. »Wie kann man nur so unvernünftig sein!«, herrschte sie mich an, »es ist Ihre Aufgabe als Angehöriger, zu verhindern, dass sie so etwas Ungesundes zu sich nimmt!« »Aber sie wollte Currywurst«, verteidigte ich mich, »und sie ist ja nun noch nicht entmündigt! Ich finde, dass sie noch selbst entscheiden kann, was sie essen möchte.« »Und jetzt sehen

Sie, was dabei rauskommt!«, blaffte die Ärztin, »in ihrem Alter muss sie Schonkost essen, viel Gemüse, auf keinen Fall Currywurst! Das ist doch Gift!« »Aber sie verweigert Gemüse! Sie sagt, sie hat genug Gemüse gegessen in ihrem Leben, jetzt will sie essen, worauf sie Appetit hat!« »Und wegen Leuten wie Ihnen ist der ärztliche Notdienst so überlastet«, sagt die Ärztin allen Ernstes, »wegen dermaßen unvernünftigen Leuten, die einfach Currywurst essen. Und die Solidargemeinschaft muss es bezahlen! Wenn es nach mir ginge, würde ich Ihnen den Einsatz hier persönlich in Rechnung stellen!« Zornig verschrieb sie meiner Mutter irgendwelche Magentropfen.

Die Pointe der Geschichte war nun allerdings, dass die Schmerzen sich über Nacht zwar beruhigten, am nächsten Vormittag aber wieder unvermittelt losbrachen, glücklicherweise zur Sprechzeit der Hausärztin, die gleich vorbeikam. Schuldbewusst beichtete ich, dass ich meiner Mutter eine Art Giftköder gegeben hatte, eine Killerwurst. Die Hausärztin sah mich mit großen Augen an. »Sie haben Ihr eine Currywurst geholt?« »Es tut mir so leid«, flüsterte ich. »Aber das ist doch prima«, lachte die Hausärztin, »sie ist über 90, in dem Alter soll sie doch essen, was sie will.« Sie drückte einmal kurz auf eine Stelle auf dem Bauch meiner Mutter, die schrie auf, sie rief den Krankenwagen. Gallenkoliken. »Hat die Kollegin das nicht erkannt?«, fragte die Hausärztin erstaunt, »ist doch wie im Lehrbuch.« »Nein, die konnte nur einen schweren Fall von Currywurst diagnostizieren«, erwiderte ich resigniert.

Aber zurück in die Gegenwart. Ich glaube ja, meine Mutter übertreibt. »Du warst doch sechs Wochen in Bad Oeynhausen in der Reha, da kann es doch nicht nur Sachen gegeben haben, die du nicht magst.« »Die kochen da oben halt ganz anders.« »Hä?« Jetzt bin ich doch überrascht. »Wie? *Die* und *da oben?*« »Na ja, das ist doch eine ganz andere Gegend.« »Das ist Bad Oeynhausen. Das ist gerade mal eine Stunde entfernt von Münster. Das ist sogar noch Westfalen.« »Ja, aber Ostwestfalen. Eine andere Welt. Die kochen da ganz anders. Steht sogar in dem Buch, das du mir geschenkt hast.« Ich hatte meiner Mutter zu Weihnachten *Das kuriose Ostwestfalen-Buch* des wunderbaren Bernd Gieseking geschenkt. Normalerweise interessiert meine Mutter sich nicht für das, was ich und meine Lesebühnenfreunde so schreiben, aber in dem Fall dachte ich, dass es ihr aufgrund ihres unfreiwilligen längeren Aufenthalts in dieser für sie fremden und exotischen Gegend der Welt vielleicht doch gefallen könnte. Und ich habe offenbar Recht behalten. »Da gab es ein ganzes Kapitel darüber, was in Ostwestfalen gegessen wird, und das war wirklich alles sehr seltsam. Eine andere Welt!« Der Dialog zwischen den Kulturen, er bleibt eine stete Herausforderung. Selbst zwischen Ost- und Westwestfalen.

Damit sie besser allein zu Hause zurechtkommt, schaut jetzt zwei Mal am Tag ein mobiler sozialer Hilfsdienst vorbei. Selbstverständlich ist es auch in Westfalen wie überall: Ohne Migranten ginge gar nichts. Mariama übernimmt die erste Frühschicht, ihre Hautfarbe ist schwarz. Ich habe meiner Mutter versucht einzutrichtern, dass sie das N-Wort bitte niemals verwenden möge, auch wenn es den größten Teil ihrer Lebenszeit für sie die übliche, keineswegs abwertend gemeinte Bezeichnung für Schwarze war. So wie man die Bewohner der Niederlande eben Holländer genannt hat. Das heißt: Das rechthaberische »das sind ja gar nicht alles Holländer« gab es in Münster sogar schon zu einer Zeit, als das N-Wort noch selbstverständlich benutzt wurde. Die Holländer sagen aber in der Regel selbst, dass sie Holländer sind. Die N-Wörter sagen hingegen Vergleichbares eher nicht. Also wäre es wohl gut, diesen Fettnapf zu vermeiden. Ich bin nicht sicher, ob das auf Dauer gutgeht, denn je älter sie wird, desto mehr fällt meine Mutter in alte Sprachmuster zurück. Nach der Einführung des Euros hat sie eine Weile gebraucht, bis sie sich auch verbal von der Mark verabschiedet hatte, aber dann ging es etwa zwanzig Jahre lang ganz gut. In letzter Zeit aber spricht sie zunehmend wieder häufiger von Mark und Pfennig.

Da ich am Rechner in meinem alten Kinderzimmer nebenan sitze, kann ich das Gespräch der beiden Frauen durch die geöffneten Türen mithören. Ich habe ein bisschen Angst davor. Es ist bitterkalt in diesen Februartagen, es hat sogar geschneit. Meine Mutter gerät mit Mariama gleich in ein Schwätzchen: »Da wo Sie herkommen, gibt es das bestimmt gar nicht, dass es so richtig kalt ist und Schnee liegt, oder?«, fragt meine Mutter unbekümmert, und ich zucke zusammen. »Mutter, Mariama könnte aus Dortmund kommen, das weißt du doch gar nicht, und in Dortmund ist es auch nicht wärmer als hier«, würde ich jetzt sagen, wenn ich dabei wäre. Aber so bin ich auf die Zuhörerrolle verdammt, ich kann ja schlecht jetzt dazu eilen und mich für meine Mutter entschuldigen, auch wenn ich das dringende Bedürfnis danach verspüre. So erfahre ich einmal mehr am eigenen Leib die Bedeutung des Jugendwortes »cringe«.

Doch Mariama ist ganz entspannt und klingt durchaus gut gelaunt, als sie schildert, dass es bei ihr zu Hause nur Regen- und Trockenzeit gebe, es aber das ganze Jahr über sehr warm sei. Meine Mutter ist begeistert. »Regen- und Trockenzeit? Hier in Münster haben wir ja eigentlich immer Regenzeit.

146

Kenne Sie die Redensart? In Münster regnet es, oder es läuten die Glocken. Und wenn beides gleichzeitig ist, ist Sonntag.« »Ach was«, sagt Mariama, »das ist doch kein Regen hier! Bei uns zu Hause, da regnet's, hier ist es doch nur Niesel!« »Niesel? Sie können aber gut Deutsch!« Ich sinke zusammen auf meinem Schreibtischstuhl. Aber meine Mutter macht unbekümmert weiter: »Aber frieren Sie denn hier gar nicht? Sie sind die Kälte doch gar nicht gewöhnt!« »Ja«, sagt Mariama fröhlich, »ich finde es furchtbar kalt!« »Wissen Sie«, sagt meine Mutter, »im Pflegeheim, wo ich zwischendurch war, also, das war ja ganz woanders, also in Gievenbeck, das ist im Norden von Münster. Also, da gab es auch ganz viele von Ihnen!« Cringe hoch zwei. *Ganz viele von Ihnen* – das geht ja nun wirklich gar nicht. Aber wie soll ich ihr das später erklären? »Wirklich?«, fragt Mariama, »wo waren Sie denn in Gievenbeck?« »Im Freddy-Krüger-Seniorenzentrum«, sagt meine Mutter. Herrjeh, denke ich. Ich hätte diesen Spottnamen ihr gegenüber für das Heim, das eigentlich Fritz-Krüger-Seniorenzentrum heißt, nicht erwähnen dürfen. Sie kennt *Nightmare on Elm Street* doch gar nicht. Sie mag ja nicht mal Tierdokumentationen, weil sie ihr zu grausam sind. Und jetzt hat sie sich ausgerechnet meinen Witz gemerkt? Aber Mariama kennt die Filme offenbar auch nicht, jedenfalls geht sie drüber hinweg und fragt: »Und bei Freddy Krüger arbeiten auch Leute aus Afrika?« »Ja, genau. Vielleicht kennen Sie sich ja?« Bitte, Mutter!, denke ich. Das ist doch nun wirklich bescheuert. Es ist, wie wenn ich im Gespräch mit den Nachbarn in Münster erwähne, dass ich in Berlin wohne. Man kann fast darauf wetten, dass irgendein Depp dann sagt: »Oh, meine Nichte/Schwippschwägerin/Großcousine wohnt auch in Berlin! Kennen Sie sie zufällig?« Und schon das ist ja absurd. Aber bei einem ganzen Kontinent? »Meine Freundin Fanta arbeitet in Gievenbeck«, sagt Mariama, und meine Mutter ist ganz aufgeregt: »Ja, Fanta! Genau, die hat mich gepflegt.« Ich schüttele mit dem Kopf. Das darf alles nicht wahr sein. Obwohl: Als mich das letzte Mal so eine Deppen-Nachbarin gefragt hat, ob ich zufällig ihre Enkelin kenne, die auch in Berlin wohne, da kannte ich sie tatsächlich. Ich war darüber erheblich fassungsloser als die Nachbarin, die sich eher bestätigt fühlte. Meine Mutter jedenfalls ist hoch erfreut: »Dann grüßen Sie Fanta mal lieb von mir, mit der habe ich mich immer gut verstanden. Sie sind ja alle sehr nett, also Sie da aus Afrika, also Sie ...« – ich halte die Luft an, bitte jetzt nicht auch noch das N-Wort – »also Ihre Leute.« »Ach, na ja«, sagt Mariama, »gibt auch doofe Schwarze, ist wie überall auf der Welt. Gibt ja auch wirklich unfreundliche Deutsche!« »Ach, Sie kennen schon unseren Nachbarn von gegenüber?«, fragt meine Mutter. Ich bin manchmal nicht sicher, ob sie Scherze macht oder altersbedingt einige gedankliche Kurzschlüsse hat. Aber eigentlich ist sie noch sehr klar. »Mit Fanta jedenfalls habe ich mich wunderbar verstanden«, sagt sie jetzt, »den Namen konnte ich mir gut merken, weil mein Sohn früher, als er klein war, gerne Fanta getrunken hat. Aber das ist ja sehr ungesund, das habe ich ihm normalerweise nicht gegeben.« »Aber Fanta schmeckt sehr gut«, sagt Mariama. »Ja«, sagt meine Mutter, »ich trinke das auch gerne. Aber ich bin ja auch 94, ich darf das. Aber Sie sind noch jung, Sie müssen noch auf Ihre Gesundheit achten. Sie sollten lieber Säfte trinken. Oder Wasser.«

Als Mariama fertig ist, begleite ich sie zur Tür nach draußen. »Sie haben aber eine nette Mutter«, sagt sie. »Danke«, antworte ich, fühle mich dann aber doch verpflichtet, zu signalisieren, dass zumindest an mir der gesellschaftliche Diskurs nicht vorübergegangen ist und wenigstens ich sensibilisiert bin für Alltagsrassismus, »wissen Sie, also, dass meine Mutter Sie gefragt hat, wo Sie herkommen und so, das ist nicht böse gemeint. Ich meine, ich weiß natürlich, dass man das nicht macht, Sie könnten ja ebenso gut aus Dortmund sein, aber ich kann es meiner Mutter nicht mehr so richtig vermitteln, da ist sie doch ein bisschen zu alt für.« »Ach was«, sagt Mariama, »das ist doch völlig OK. Ich bin froh, dass ich nicht aus Dortmund bin, waren Sie da mal? Furchtbar. Und ich erzähle gerne von Afrika! Ist doch schön, wenn die Leute sich dafür interessieren, wo ich herkomme. Und wie es bei uns zu Hause ist.« »Wo kommen Sie denn her?« »Aus Guinea.« »Ach«, sage ich interessiert, »das kenne ich. Also, ich war noch nicht da, aber ich arbeite im Artenschutz, und wir haben ein Projekt zum Schutz von bedrohten Kröten in Guinea initiiert.« Jetzt schaut Mariama mich plötzlich misstrauisch an: »Na ja«, sagt sie, »eigentlich finden wir es nicht so toll, wenn irgendwelche Europäer kommen und uns sagen, was wir mit unseren Tieren zu machen haben.« Ich schaue sie verdutzt an. Ihr Gesichtsausdruck bekommt etwas Hartes: »Vielleicht sollten Sie auch lieber etwas mehr mit uns reden und uns einfach mal fragen. Ihre Mutter macht das schon ganz gut. Können Sie sich ein bisschen was von abgucken.« Ich versichere hastig, dass unser Projekt zur Rettung der Nimbakröte natürlich nur in Absprache mit den Menschen und Behörden vor Ort erfolgt. Sie kichert und winkt ab. Macht die jetzt auch nur Scherze? Ich fühle mich einmal mehr überfordert von der modernen Welt. »Alles gut«, lacht Mariama, »aber ich muss jetzt weiter. Raus in die Kälte. Kennen wir bei uns in Afrika ja gar nicht! Bis morgen!«

Nachdenklich schaue ich ihr hinterher, wie sie durch die dünne Schneeschicht davonstapft.

Als ich wieder zu meiner Mutter komme, strahlt sie mich an: »Das ist aber eine nette Neg...« »Mama, bitte!«, unterbreche ich sie hastig. »Du machst das alles super. Aber bitte nicht das N-Wort. Du weißt doch: Das geht gar nicht. Das sagt man nicht mehr.« Sie zuckt mit den Schultern. »Ja, ja, schon gut«, sagt sie, »ihr jungen Leute immer mit euren Moden. Nimm dir mal lieber 5 Mark aus meinem Portmonee und hol uns bitte mal wieder eine schöne Currywurst, ich habe jetzt wirklich Hunger auf was Ordentliches.«

Wie die zweite Impfung war

Spider

Die zweite Impfung war genau wie die erste. Ende.

Nein, ich mache nur Quatsch, sie war natürlich ganz, ganz anders.

Das Impfzentrum im ehemaligen Flughafen Tegel wirkte zwölf Wochen nach der ersten Spritze irgendwie radikal runtergekommen. Alles war mit Graffiti besprüht. Überall schwelten Müllhaufen. Die Menge an Securityleuten in neongrünen Westen hatte sich vervielfacht. Aber die kümmerten sich nicht um mich, sondern hinderten bloß Mitarbeiter des Impfzentrums daran, wegzulaufen, und schickten die immer wieder zurück in die Halle, aus der sie über Toilettenfenster oder Lüftungsschächte getürmt waren. Manche erlitten dabei einen kleinen Zusammenbruch, und die Wachleute gaben ihnen dann einen Müsliriegel oder eine Zigarette und redeten beruhigend auf sie ein: »Es muss sein! Bald ist Feierabend! Das schaffen Sie! Nur noch tausend Chips!«

Man sah den Wartenden an, dass die edlen, priorisierten Gruppen schon weitgehend durchgeimpft waren. Nun stand hier der Bodensatz Berlins Schlange. Männer mit Badelatschen an den Füßen und Aldiтüten in der Hand, mit Bierfahne und Kippe im Mundwinkel. Kaum einer hatte sich die Mühe gemacht, den Hosenstall ordentlich zu verschließen. Manche waren gar ohne Hose gekommen und standen in Bademänteln oder lediglich Unterwäsche herum. War das

Bier durchgelaufen, wurde ungerührt seitlich aus der Schlange Wasser abgeschlagen. Fast jeder trug ein Basecap. Einige schrien die ganze Zeit. Sie stritten sich mit Widersachern, die nur in ihren Köpfen existierten. Viele hatten sich nicht mal die Mühe gemacht, selber zu kommen, sondern hatten ihre Frauen geschickt. Oder vielleicht waren es auch ihre Mütter. Manchmal sogar ihre Hunde.

Hatte ich eben von einer Schlange geredet? Das war natürlich Unfug. Die Impflinge rotteten sich vor der Eingangstür zu einem Pulk zusammen. Dort stand ein Kerl mit Boxervisage und zeigte mit dem Finger auf Leute: »Du, reinkommen!« Ich drängte mich nach vorn. Der Boxer zeigte auf mich: »Du, reinkommen!«

Die erste Station war eine Sicherheitskontrolle. Ich hatte nichts im Rucksack, was beanstandet wurde. Der Frau vor mir, die die ganze Zeit so gekichert hatte, nahmen sie eine Bombe ab. Dem Typen nach mir ein Buch. Mir drückten sie ein abgebrochenes Stuhlbein in die Hand: »Du kannst damit umgehen, Kumpel? Wenn jemand was von dir will, ziehst du ihm das Ding drüber, okay?«

Dann der Papierkram. Der Johnny hinterm Schalter flippte fast aus, weil ich handschriftlich mit meinem Namen unterschrieb. Die meisten unterzeichneten nur mit drei Kreuzen. Einige machten Fingerabdrücke mit ausgeschnaubtem Nebenhöhlenschnodder oder Monatsblut. Überall liefen Radios mit volkstümlicher Musik.

Dann war ich auch schon bei den Impfkabinen. Beim ersten Termin waren hier bildhübsche Frauen mit den Zuarbeiten für die Ärzte beschäftigt gewesen. Heute trugen sie alle Brillen. Und Dauerwellen. Und hatten Nylonkittel an. Und Laufmaschen. In den Strumpfhosen. Die sie sich über die

Köpfe gezogen hatten. Man sollte sie draußen nicht wiedererkennen. Manchmal schlüpfte eine in einen Lüftungsschacht und krabbelte davon. Ich wusste, sie würde bald wieder hier sein. Die für mich zuständige Assistentin war aber schon abgestumpft: »Schnauze halten, hinsetzen, nicht heulen! Ah, da kommt ja schon der Stecher.«

Sie meinte den Impfarzt. Er trug einen Helm und hatte sich Ruß ins Gesicht gerieben. »Brauchense nich hochkrempeln.« Er rammte mir die Injektion durch die Lederjacke in die Schulter. »Ick ziele nich so jerne aufm Arm, manchmal kommtse denn nämlich aus die andere Seite wieder raus.« »Au!«, sagte ich. »Wat hab ick jesacht?«, fragte die Assistentin.

Der Arschtritt gab mir Schwung bis zum Ausgang aus dem Gebäude. Ich hieb mir mit dem Stuhlbein den Weg durch die Gammlertraube frei bis zum Parkplatz. Mein Auto brannte. Da hätte ich mir den Ölwechsel, den ich neulich im Wald gemacht hatte, auch sparen können. Ich zündete mir eine Fluppe am brennenden Wrack an und schlug bei einem BMW die Seitenscheibe ein. Ich schloss ihn kurzerhand kurz. Ich hatte keine Zeit für den Bus. Zu Hause wartete die Olle mit dem Mittag. Heute gab es Blutwurst.

»Hallo Papa, wie war deine zweite Impfung?«, fragten meine Kinder. »Eigentlich ganz okay«, erzählte ich, »aber dieses Mal hab ich 'n viel krasseren Film geschoben.«

Stell dir vor, es gibt Arbeit und keiner geht hin

Ahne

Ich weiß jetzt, wo die sind, die ganzen Fachkräfte, die so dringend benötigt werden, überall.

Wir haben doch unseren Telefonanbieter, ich glaub, es heißt Anbieter, oder? Dem haben wir gekündigt, weil der so teuer ist. Und kurz darauf schon wurde ich von sieben verschiedenen Menschen angerufen, innerhalb eines Tages. Es waren sieben verschiedene, wirklich! Sie hatten sieben verschiedene Stimmen. Und alle wollten, dass ich erkläre, warum ich den Anbieter wechseln möchte. Hab ich gesagt: »Ist zu teuer.« Haben sie gesagt: »Wir können doch was machen.« Hab ich gesagt: »Sie sollen Angebot schicken.« Wurde aufgelegt. Stunde später, nächste Person. Ruft an. Fragt, warum ich Anbieter wechseln will. Sage: »Habe ich Kollege schon erklärt.« Halbe Stunde später, Anruf. Wieder anderer Mensch. Von Telekom. »Sie haben Ihren Vertrag zum ersten Februar gekündigt, stimmt das?«

Wenn mich innerhalb eines Tages sieben engagierte junge Menschen anrufen, in der Absicht mich zu überreden, lieber bei der töften Telekom zu bleiben und tags darauf noch mal sieben, dann sind das innerhalb eines Monats schon mal, na ..., sagen wir hundert, werden ja auch ein paar krank, bleibt nicht aus, bei dieser Art von Arbeit. Und ich bin ja nicht der Einzige, der seinen Telefon- und Internetvertrag kündigt, das tun in diesem Land Hunderttausende, täglich, und die Telekom, die ist ja nur ein Telefon- und Internetanbieter, es gibt ja außerdem noch Simplyfon, Direkt-Tel, Anachronisma und wie sie alle heißen, mindestens 12 Millionen Telefon- und Internetanbieterfirmen gibt es allein in Berlin/Brandenburg, könnte ich mir vorstellen. Da muss sich wirklich keiner wundern, wenn woanders Fachkräftemangel herrscht. Die sorgen ja alleine schon dafür, dass ..., 12 Millionen mal 700.000, na, kann ich grad nicht ausrechnen, aber es dürfte fast die Hälfte der arbeitsfähigen Bevölkerung binden. Und dazu kommen noch die Influencerinnen, die Content unter die Leute bringen möchten, was auch immer Content heißt.

Puh! Mir ist direkt schwindelig geworden, von der Rechnerei. Fuck! Fuck, fuck, fuck! Das schreibt man übrigens neuerdings, beziehungsweise seit vielen Jahren schon, »FCK«. Der 1. FC Kaiserslautern, der sich seit den Siebzigern, oder seit den Fünfzigern (?), FCK abkürzt, der hat damit ein richtiges Problem. Der hat voll den Scheiß. Die jungen Leute, die lesen ja »FCK« heutzutage nur noch als »Fuck«, voll der Fuck-Verein. Aber, kannste nüscht machen, hat sich so eingebürgert. »Fuck Putin«, »FCK PTN«. »Fuck Nazis«, »FCK NZS«.

Ich warte seit Jahren gespannt auf eine Gegenbewegung. Wenn bei Aufkleberparolen statt der Vokale dann die Konsonanten weggelassen werden. Noch kürzer, meistens. »Fuck Putin« hieße »U UI« und »Fuck Nazis« »U AI«. »U AI« könnte allerdings auch »Guck dahin« bedeuten. Oder: »Wurst Ami«, »Wurst Freund«. »Ami« heißt ja »Freund«, auf Französisch. Bei längeren Botschaften wäre es sicherlich eine Herausforderung. »AO A EI AE«? Na? Noch gut lösbar. »AO A EI AE« hieße »Atomkraft nein danke«. Aber »E I O E I AEI U EIE E I«? Schon deutlich schwerer. »Ich kaufe ein N« kann man ja schlecht sagen, nützt einem zumindest nichts, da Aufkleber für gewöhnlich weder über Kartenlesegeräte verfügen noch Wechselgeld dabeihaben. Aber kann natürlich sein, es wird dann wieder alles etwas langsamer im Leben. Weil sich überall Menschentrauben bilden, die Laternenpfähle, Absperrgitter, Bushaltestellen umringen, um zu entschlüsseln, was welcher Aufkleber für eine Botschaft vermitteln möchte, wodurch sie dann zu spät zur Arbeit erscheinen, bei der Telekom, und ihren Job verlieren, als abwanderungswilliger Kundenbequatscher. Gäbe wieder Potenzial dann, welches zur Fachkraft umgeschult werden könnte. Oder natürlich zur Influencerin. Content anpreisen. Lecker Content, namm, namm, namm!

Ach, ich hab völlig vergessen aufzulösen, was ›E I O E I AEI U EIE E I‹ aussagen soll. Jemand 'ne Idee?

Survival of the Friendliest

Falko Hennig

Winterwunderland Berlin, es liegt Schnee!

Ich lasse den 14-Uhr-Fußball ausfallen, um durch Berlin zu führen. Das ist die Zeitenwende für mich, dass ich meinen heiligen Fußball für den Mammon opfere.

Meine Woche ist so mittel, aber der Dienstag sticht heraus. Ich habe zwei Radtouren, es sind meine ersten des Jahres und es sind meine einzigen im ganzen Februar.

Große Überraschung in der Kulturbrauerei, wo *Berlin On Bike* seine Räume hat: Es gibt neue Fächer und sogar einen Pausenraum für die Guides! Meine erste Fahrt ist mit 14jährigen aus Moers bei Düsseldorf, dann habe ich eine lange Pause und sitze erstmalig in dem Raum, drei Sofas stehen darin, ein Tisch, sogar eine Kaffeeküche gehört dazu, und da sich Teilnehmer verspäten, können wir quatschen.

Draußen ist Lachen und Johlen zu hören, eine Gruppe hat bei der Rückkehr gute Laune. Wir schauen, wer der Guide ist, denn damit macht man sich bei den Kollegen nicht beliebt. Das ist, als ob jemand im Akkord zu schnell arbeitet und so die Normen für alle erhöht. Es ist die niederländische Kollegin, die Teilnehmer waren viele Insel-Affen, wie man Briten nennt, wenn man sich die Unterscheidung in Engländer, Schotten usw. sparen will.

Der Grund für die gute Laune lag aber in ihrem bei bestimmten Wörtern schwachen Deutsch. Sie warnte Teilnehmer an den Pfützen, indem sie sagte: »Nicht in die Fotze treten!« Als sich alle so amüsierten, wusste sie gar nicht, warum.

Dann treffen unsere Teilnehmer ein, eine Schulklasse aus Stuttgart, und als ich mit ihnen am Schloss stehe, muss ich sehen: Die Berliner Fuchsrohre sind abgebaut! So viele Jahre konnte ich den Touristen von dem Netz der Fuchsrohre des Berliner Senats erzählen, durch das die Berliner Füchse durch die Großstadt in ihre Straßen kommen. Auf den Rohren stand »Füchse Berlin« und »Das ist unser Revier«, und es war so niedlich, es in den Gehirnen der Teilnehmer rattern zu sehen. Aber die wenigsten wussten, wofür diese Rohre eigentlich dienen.

Jetzt sind sie weg, und damit fehlt mir der Bär, den ich so gern der Kundschaft bei meinen Führungen zur Schlossinsel aufgebunden habe! Aber noch weitere Rückschläge als Touristenführer habe ich zu überwinden.

Wieder einmal ist eine Bewerbung von mir abgelehnt. Die von mir erhoffte Zusammen- oder Mitarbeit bei einer anderen Stadttouren-Firma löst sich in Missfallen auf. Die Chefin wirft mir vor, ich hätte Visitenkarten bei der Tour verteilt, bei der ich hospitierte, und das sei ein No-Go. Dass es nicht stimmt, das tut leider nichts zur Sache.

Nun gut oder schlecht. Rätselhaft bleibt mir, wieso jener Kollege Karsten so was behauptet hat. Er hat mich nicht verpetzt, sondern diffamiert.

Glotze:

Schwarze Tag für die Ukraine, Trump verweigert ihr Sicherheitsgarantien, Nato-Mitgliedschaft und Territorium. Den schmutzigen Frieden will er wohl mit Putin direkt verabreden.

Die Münchner Sicherheitskonferenz ist noch vor ihrem Beginn ein großes Desaster, ein Terroranschlag mit vielen Verletzten, der trunksüchtige amerikanische Verteidigungsminister zeigt auf, dass Europa die Wirklichkeit ausblendet, wenn es hofft, die Ukraine bekäme ihr geraubtes Land zurück. Ich hätte diesen Alptraum nicht für möglich gehalten, ich meine nicht diese Äußerungen, sondern dass Europa jetzt überrascht ist und keinen Plan hat. Die Nato, Deutschland und Europa haben seit einem Jahr geschlafen und fallen jetzt aus allen Wolken, dass Trump sich traut, das zu machen, was er die ganze Zeit angekündigt hat. Verstehen kann ich die hiesige Schlafmützigkeit nicht. Was dachten sie, was Trump tun würde?

Es wird immer erschreckender, über den Ami-Außenminister und seine Absage an Europa und die Nato sind alle gar schockiert. Erschreckend ist der Schock, denn es ist doch so lange bekannt. Aber scheinbar wusste nur ich, dass die USA einfach aus der Nato austreten wird, indem sie keinen Cent mehr zahlt.

Besser für die Laune ist da die Dokumentation *Ein abenteuerliches Leben – Rüdiger Nehberg*. Würmerfresser wurde er wegen seiner Ernährungsweise genannt. Zuerst ist er mit einem Tretboot über den Atlantik, dann auf einem Floß und dann noch auf einem Tri-Katamaran, eigentlich Trimaran, alles jeweils mutterseelenallein. Für diesen Trimaran hatten ihm Schweizer Holzfäller eine riesige Tanne gefällt.

Er war so ein guter Mensch, so freundlich, lustig, lebendig, der Natur und den anderen Menschen zugewandt, dass er einen gewissen Ausgleich bildet zu Putin, Hitler, Trump usw. Für seine Erfolge gegen die Genitalverstümmelung hätte er von Rechts wegen mindestens den Friedensnobelpreis bekommen müssen. Warum? Er hat allein mehr für das Ende dieser schlimmen Praxis getan als die gesamte deutsche Außenpolitik, Entwicklungshilfe und UNO zusammen.

Er war ein so guter Mensch, dass man ihn »wandelndes Herz« oder »Herz auf zwei Beinen« nannte. Ein Naturparadies mit eigenem Bach und Teich hat er sich erschaffen, wo er noch heute jeden Morgen hineinspringen würde, wenn er nicht 2020 mit 84 in die ewigen Jagdgründe abberufen worden wäre. Wie so viele wäre er gern durch einen überraschenden Schuss von hinten in den Kopf gestorben, aber das ist in Deutschland nicht erlaubt. Ich kann diesen Wunsch so oder so nicht nachvollziehen.

Rassismus-Vorwurf gegen Scholz, der den Vollidioten Joe Chialo einen Hofnarren genannt hat. Ich lese mir den Wikipedia-Eintrag zu Joe Chialo durch, um herauszufinden, ob ich ihm mit »Vollidiot« Unrecht tue. Er spricht Swahili, ist CNC-Fräser, hat Geschichte, Politik und Staatswissenschaften studiert, war Sänger einer Band, Labelgründer bei Universal. Erst bei den Grünen, dann zur CDU wegen Balkankrieg, seit 2023 Senator für Kultur, Zusammenhalt, Engagement- und Demokratieförderung. Wegen des dröhnenden Schweigens der Kulturszene nach dem Massaker der Hamas hat er die »Antidiskriminierungsklausel« eingeführt. Nirgends zu lesen, dass er ein Vollidiot ist, ich muss mich geirrt haben. Ich nehme mir vor, mit dem Begriff Vollidiot ab jetzt noch sparsamer zu sein.

Dann gibt es eine andere Dokumentation, die mein Weltbild ändert. Denn bisher war ich überzeugt, dass ich ein Mörder wäre, und Ihr alle auch. Nicht, weil wir alle jemanden abgemurkst hätten, sondern genetisch, weil sich doch immer in der fernen Vergangenheit nur diejenigen fortpflanzen konnten, die das Gegenüber schneller und kaltblütiger umbrachten, als dieses sie umbringen konnte.

Aber dann sehe ich den schwedischen Dokumentarfilm *Breaking Social, Symphonie des Widerstands*, ebenfalls ein freundlicher und mutmachender Film, und endlich bekomme ich den Widerspruch erklärt, dass ich so ein freundlicher Mensch bin, obwohl ich doch von den kaltblütigsten Mördern abstamme, die man sich nur vorstellen kann.

Diese Theorie, die mir ein weiser Mann erläutert hat, sie stimmt einfach nicht. Bei den Menschen haben sich nicht immer die schlimmsten Mörder am meisten fortgepflanzt, sondern die freundlichsten Zeitgenossen.

Es ist nicht das Survival of the Fittest und auch nicht das Survival of the Wickedest, sondern das Survival of the Friendliest.

Wir sind nett! Ich bin überrascht und erfreut. Ein Angler ist zu sehen, der einen recht üppigen Karpfen streichelt und kost und ich denke: Warum lässt er ihn sich so quälen? Er erstickt doch und zappelt in Todesangst. Wieso erlöst er ihn nicht wenigstens und zieht im Einen über den Deez? Doch dann entlässt der Angler den Karpfen zurück ins Wasser. Es ist so schön!

Die freundlichsten Menschen, die sich und anderen am meisten helfen, sie überleben und bekommen noch freundlichere Nachkommen.

Wir brauchen nur noch den Kapitalismus abschaffen, und alles wird gut.

Was man über Döner wissen muss

Frank Sorge

Fast ausnahmslos jeder Döner Berlins, des Landes, der Welt wird von jemandem gemacht, der selbst einen Migrationshintergrund hat oder dessen Eltern. Ein Dönerladen ist ein Geschäft, man bezahlt also Geld für das Produkt, das wiederum die Dönerladenbesitzer ernährt, seine Mitarbeiter und Mitarbeiterinnen, deren Mieten bezahlt, die Familien unterstützt, die noch keine Chance hatten, sich im Land seit Generationen irgendwelche Immobilien zu vererben. Regelmäßig Döner zu kaufen, sollte also für jeden Menschen Bürgerpflicht sein, schon allein für nachhaltige Integration, und verboten soll es sein zu murren und zu knurren, dass er immer teurer werden würde, denn im Gegenteil war er immer schon zu billig. Der Preiskampf um Döner wird nachweislich seit jeher auf dem Rücken des Arbeitslohns ausgetragen, der knauserige Dönerkäufer wird also zum Gehilfen prekärer Selbstausbeutung, die spiralwärts in die Armut führen kann. Läuft ein Dönerladen aber gut und spült durch Geschäftssinn, Qualität und Freude satte Gewinne in die Familienkasse, kann es passieren, dass die Kinder des Ladens alle Chancen haben für einen gesellschaftlichen Aufstieg, dass sie studieren und Ärzte und Anwälte werden.

Dönerläden zeigen eine erstaunliche Resilienz gegenüber den widrigsten Ortsumständen. Wo es auch sonst nichts mehr gibt, gibt es doch noch einen Dönerladen. Es ist aber nicht so, wie zum Beispiel bei McDonald's, wo eine Filiale, strategisch platziert, andere Angebote plattmacht, bis sie zur einzigen Option wird. Dönerläden sind mehr wie die ersten Pflanzen nach einem Flächenbrand, nach einem Vulkanausbruch, oder ein Löwenzahn, der Asphalt durchbricht. Was motiviert zu dieser Ortswahl, wie kann man hier frohen Herzens ein Geschäft eröffnen, das frage ich mich regelmäßig bei Dönerläden in absoluten Einöden? Aber eigentlich sollte die Frage lauten: Warum motiviert es sonst niemanden, an dieser Stelle ein Geschäft zu eröffnen? Ich denke in der Geschäftstüchtigkeit des Dönerhandwerks steckt mehr Idealismus als in der Deutschen Klassik. Bedenkt die Öffnungszeiten, bedenkt die Kunden. Döner ist kein Konzerngeschäft, keine Aktienangelegenheit, jede Arbeitskraft ist regional verortet, die Hierarchien sind flach.

Seit Jahrzehnten leiste ich meinen Beitrag als Kunde und literarischer Beobachter, als Verfechter, als Bote, als Forscher, ich habe Geschichten und Lieder über Döner geschrieben und gesungen, die von Verehrung geprägt waren und keine bescheuerten Hopsenummern. Ich schreibe das so, denn DJ Ötzi hat dem Döner damals keinen Gefallen getan, schon das erste Hören seiner Partynummer hat mich wütend gemacht, sein Lied ist Hohn und Verhöhnung und Wasser auf die Mühlen dummdeutscher Gewohnheitsrassisten. Es ist eines der größten Armutszeugnisse, das ich unserem Land ausstellen muss, dass es nicht ein bekanntes gutes Lied über Döner gibt. Dass es überhaupt nur dieses eine bekannte gibt, das schlechter nicht sein könnte. Wo immer man es spielt, darum mache man einen Bogen.

Alle meine Forschungen haben bisher ergeben, dass Dönerläden Orte gesellschaftlicher Solidarität sind. Obdachlose,

Abgestürzte, vom Schicksal Gebeutelte, sie alle finden Platz am Buffet, egal, wie viel Geld sie haben oder auch keins. Der Dönermann ist ihr Freund und Bruder, viele sagen das sogar ständig, aber wir hören einfach nicht zu. Zu welchem Fremden hast du das letzte Mal »Bruder« und »Freund« gesagt? Es geht dabei gar nicht darum, was man wirklich meint und denkt, in dem Moment, in der Zeit, es geht darum, dass in dem Akt immer die Hoffnung drinsteckt, es möge so sein.

Je weniger es so ist, desto mehr Hoffnung steckt drin. Das ist der Zauberspruch. Ich sollte es mir angewöhnen.

Brüder und Schwestern, Freunde, so möchte ich Euch nennen, wenn ich Euch auffordere, Döner zu kaufen. Viel Döner. Vergesst die Nestlé-Pizza aus dem Tiefkühlfach, wenn ihr nicht selbst kocht, und tragt das Geld über die Straße, viel weiter weg wird der nächste Imbiss nicht sein.

Jammere nicht über schlechte Döner oder Läden, die nicht vertrauenserweckend sind, tu etwas dagegen. Gib Feedback, kauf dort, wo es anders ist, rede, bezahle großzügig. Kritisiere konstruktiv, lobe überschwänglich. Überlass es nicht Spitzengourmets, über einen Teelöffel Schaumspeise in hymnische Töne zu geraten. Das kannst du auch und bist im Vorteil: Du wirst satt.

Das Gemüse kommt von Händlern nebenan, die gutes Gemüse erkennen können, das Brot wird um die Ecke frisch gebacken, dort stehen Flüchtlinge und zerschneiden stundenlang Fladenbrote für die Auslieferung, die Keulen werden hinter der Osloer Straße im Wedding hergestellt und am nächsten Morgen rübergefahren. Die meisten sind Deine Nachbarn, Eure Kinder sind gemeinsam in der Schule, grüße sie freundlich beim gegenseitigen Erkennen in der Freizeit. Schütze sie vor Nazis, sieh nie weg.

Sei kein Kunde, das hebe dir für Amazon auf oder irgend-was anderes, was geistlos ist. Nicht im Dönerladen, dort sei Gast. Und alles, was du jemals dachtest, wie ein Gast sich benehmen sollte, das beherzige, wenn du den Döner betrittst. Das ist alles, was man über Döner wissen muss.

6.
Wenn's dunkel ist, wird's wieder hell, die Woche, sie vergeht so schnell

Gute Momente (07/2024)

Susanne M. Riedel

U9 am frühen Morgen, im Vierer mir gegenüber sitzt ein aufgebrezeltes Paar, ich schätze sie auf Mitte sechzig. Ich vermute, sie sind auf dem Weg zu einem Fest, er hat einen üppigen Blumenstrauß auf dem Schoß, sie trägt ein weißes Kostüm, ihr neonorangefarbener Lippenstift inmitten des deckenden Makeups (Farbe: Trump) hypnotisieren mich, so sehr stechen sie aus der grauen Menge unausgeschlafener Morgengestalten heraus.

Mit spitzen Fingern befördert die Frau nun vornehm ihr Handy aus der Handtasche, stellt die Kamera auf Selfie-Modus und betrachtet sich kritisch.

»Sag mal, bin ich zu doll geschminkt?«, fragt sie ihn. »Das Licht im Badezimmer war so dunkel ...«

Er betrachtet sie erschrocken und sagt lange nichts. Man sieht, wie es in seinem Gesicht arbeitet, schließlich sagt er in liebevollem Ton: »Ich sage es mal so, mein Schatz – man sieht, wo dein Gesicht ist.«

Ich kann mir ein Grinsen über diesen weise gewählten Satz nicht verkneifen. Er ermöglicht ihr, das Gesicht zu wahren (sic!) und trotzdem zu handeln.

Und siehe da – auch im Kosmos zwischen Corona, Krieg, Klimakrise und Klimakterium gibt es sie doch, diese Momente, in denen uns ein Lächeln widerfährt. Wie ein Eichhörnchen

Nüsse sammelt, so bin ich in dieser Zeit dazu übergegangen, gute Momente zu sammeln. Wenn mir einer begegnet, bemühe ich mich, kurz innezuhalten und ihn in eine Art inneres Archiv aufzunehmen, auf das man an düstereren Tagen zurückgreifen kann.

Der Satz »Man sieht, wo dein Gesicht ist« ist ab heute dort gespeichert.

Wenn ich in diesem Archiv blättere, sieht die vergangene Woche in etwa so aus:

Montag:
In einem Gespräch junger Männer neben mir im Bus schnappe ich ein neues, türkisches Wort auf. Ich habe von jeher eine gewisse Freude an bemerkenswerten Fremdwörtern, und seit ich weiß, dass »Koalabär« auf Schwedisch »Bambus-Björn« heißt und »Batman« im Isländischen »Lederlappen«, dachte ich, ich hätte meine liebsten gefunden, nun erfahre ich: »Kannibale« heißt auf Türkisch »Yamyam«.

Dienstag:
In der Pizzeria. Am Nebentisch nimmt eine junge Frau Platz, sie sieht nachdenklich und ein bisschen traurig aus. Als der Kellner fragt »Bleiben Sie allein?«, nuschelt sie abwesend: »Das frage ich mich auch ...«

Mittwoch:
Mein Leben in Autokorrektur. Der Mann ist noch in Schweden, wir schreiben ein bisschen über WhatsApp, dann muss ich los zu einem Abendtermin.

»Bin jetzt mal unterwegs, mach's gut!«, schreibe ich also und mache mich auf den Weg. Im Bus schaue ich nochmal in den Chat und sehe, was ich wirklich geschrieben habe: »Bin jetzt mal untreu, mach's gut!«

Ich hätte wohl auch nicht geantwortet.

Donnerstag:

Im Bus, mir gegenüber sitzt ein älterer Mann mit einem etwa zehnjährigen Jungen, vielleicht sein Enkel. Möglicherweise kommen sie vom Zahnarzt, denn der Junge sagt stolz: »Ich habe Glück, dass ich noch gerade Zähne habe!«

Der Opa erwidert: »Ich habe Glück, dass ich gerade noch Zähne habe.«

Freitag:

Weintreffen und Beziehungsgespräche mit meiner Freundin Manu, vom Heimweg schickt sie mir ein Foto von einem Graffiti, das die letzten Stunden verblüffend gut zusammenfasst: »Die Tatsache, dass ich nach allem immer noch auf Männer stehe, ist der Beweis, dass Sexualität keine Entscheidung ist.«

Samstag:

Zwischen zwei Terminen, ich überbrücke die Zeit im Café. Als der Kellner zwei Karten auf den Tisch legt, sage ich: »Danke, ich bin alleine.« Empört baut er sich vor mir auf. »Und was ist mir mir?!«

Und heute?

Berlin. Ein Sommerabend. *Reformbühne Heim & Welt*. Das Bier ist kalt, die Stimmung warm und dieser Text zu Ende. Ich sammle weiter.

Mimikry

Spider

Mein Sohn gehörte zu denen, die während der Corona-Zeit im Fernunterricht von zu Hause aus besser klargekommen waren als in Präsenz. Also vertraute ich ihm, als er mich bat, ihn für drei Tage in der Schule krank zu melden. »Ich kann doch die Aufgaben hier zu Hause viel besser machen. Und hier kann ich auch viel besser das Buch lesen, das wir lesen sollen.« »Dass mir das aber nicht zur Angewohnheit wird«, antwortete ich, »Ich bin immerhin dein Vater. Wir hätten uns früher gefreut, wenn wir zur Schule gedurft hätten. Wir hatten ja nichts. Ich bin jeden Tag bei Wind und Wetter hundert Kilometer zur Schule gelaufen, auch im Winter. Solange du deine Beine unter meinem Tisch ...« »Danke Papa, du bist premium und ich feiere dich hart.«

Ich war dann am nächsten Morgen doch ziemlich überrascht, als ich den Jungen stellte, wie er gerade die Wohnung verlassen wollte. »Wo willst du denn jetzt hin?« »Äh, zur Schule.« »Du wolltest doch zu Hause bleiben. Ich hab dich doch krank gemeldet.« »Tja, wie soll ich dir das erklären, Papa?« »Denk dir was aus! Vielleicht muss ich es ja gar nicht vollständig verstehen. Aber ich brauche die Show.« »Du meinst so, wie bei den Physikvorträgen, die du immer auf Youtube anguckst?«

Er schien ja ziemlich gut über mein Mediennutzungsverhalten Bescheid zu wissen. Ein Umstand, der von vielen Eltern unterschätzt wird. Vielleicht sollte ich mal den Browser-verlauf löschen. Oder mir den Privatmodus erklären lassen. War doch peinlich, dass ich mir kosmologische Vorträge und asiatische Kochkanäle anschaute. Das machte bei den Kids auf dem Schulhof sicher nicht viel her. Andere Väter guckten bestimmt Weltkriegsdokus, Autotuning und Porno.

»Also, es ist so: Mit dem Ferienjob hat es doch nicht ge-klappt, und so verdiene ich mir eben etwas Geld.« »Häää?« »Na, ich vertrete andere, wenn die mal ein bisschen die Schu-le schwänzen müssen und nicht von ihren Eltern krank ge-meldet werden. Manche Eltern sind ja nicht so premium wie du.« »Du vertretest die? Wie soll 'n das gehen?« »Vertrittst. Na ja, ich setze mich auf den Platz von dem und tue so, als ob ich der bin. Oder die. Die Klasse ist natürlich eingeweiht, das merken die ja, aber die Lehrer, die merken das nicht. Ist ja auch klar, das Schuljahr hat ja gerade erst angefangen, und alles ist neu.« »Ham die keine Augen im Kopf?« »Na ja, mit diesen riesigen Masken merken die nichts. Wir sehen mit FFP2-Maske eigentlich alle gleich aus. Verstehst du? Ich leih mir dann von meinem Klienten auch mal die Jacke oder eine Adidastrainingshose oder ein Cap oder so.«

Ich war verblüfft. Es war wie in einem dieser True-Crime-Channel, wo die Kriminellen mit falschen Identitäten han-tierten, wie bei Cyberverbrechen, die Hacker, Deepfakes, bloß im analogen Leben eben. Also eher so wie Bankräuber mit Maskerade. Oder wie diese Geheimdienstleute im Film, mit Gummigesichtern.

»Wie viel verdient man denn da?«, wollte ich wissen. »Fün-fer die Stunde. Oder Naturalien.« »Naturalien? Was denn für Naturalien?« »Na Zigaretten, Wodka, Marihuana, bunte Pil-len ...« »Was???« »Das war ein Witz. Ich meine Köfte, Falafel,

Banh Mi. Dieses ganze Migrantenzeug. Bei den Kartoffeln vom Prenzlauer Berg nimmt man aber in der Regel fünf Euro pro Stunde. Ich meine, was soll ich denn mit Müsli und Vollkornbrot mit veganen Pasten drauf. Natürlich läuft auch so was wie ein gutes Deo. Oder Fahrradersatzteile.« »Okayyyyyyy ...« »Papa, ich könnte noch stundenlang weiter plaudern, aber ich komme zu spät auf Arbeit.«

Na, das war ja mal ein Ding. Aber okay, wenigstens kam ich so wahrscheinlich erst mal um eine Taschengelderhöhung herum. Guter Junge.

Als er am Nachmittag nach Hause kam, war er in rechtschaffener Feierabendlaune. Energydrink und Semetschki. Bis die Mama nach Hause kam. Die fragte er nämlich gleich, ob er einen Rock von ihr haben könnte. Und die Langhaarperücke. »Wofür willste des denn haben?«, fragte sie. »Wie soll ich es dir erklären ...?« Na, er würde es schon hinbekommen.

Wie sehr ich alle Viecher liebe

Mandana Katebian

Für Heiko Werning

Mein Verliebter hat mich gezwungen, einen Text darüber zu schreiben, wie sehr ich alle Viecher liebe. Und da man als emanzipierte Frau tut, was der Mann von einem verlangt, habe ich einen Text darüber geschrieben, wie sehr ich alle Viecher liebe. Nämlich so sehr.

Ich glaube ja, je älter, verschrumpelter, fetter und bekloppter in der Birne ich werde, desto mehr liebe ich Viecher. Es geht so weit, dass ich zu Ausflügen an den Stadtrand immer meinen Rucksack vollstopfe mit einem Salatkopf, für den Fall, dass wir zufällig Pferdchen, Kühen oder Giraffen begegnen, etwas Vogelfutterchen, für die kleinen Spätzlein und Meisies, und ein ganz kleines Gläschen voll Zuckerwasser, falls wir auf eine erschöpfte, dicke Hummel treffen.

Neulich erst habe ich eine ganz verhungerte Mücke von meinem kleinen Finger naschen lassen. Sie war so abgemagert, dass man jeden einzelnen ihrer Knochen sehen konnte. Und nachdem sie sich an meinem Finger vollgefressen hatte und weitergeflogen war, sah sie arschzufrieden aus und war ganz kugelrund und dick, wie eine kleine, fliegende Bommel. So niedlich. Und siehste, so einfach kann es sein, andere glücklich zu machen, und wenn es auch nur ein kleines Mücklein ist.

Einmal habe ich gesehen, wie eine Obstfliege in einem Weinglas zu ertrinken drohte. Da versetzte ich mich in sie hinein, und plötzlich wurde ich selbst zur Obstfliege, die in einem Weinglas um ihr winziges Obstfliegenleben strampelte, ohne dass irgendwer Notiz davon nahm, bis ich schließlich völlig entkräftet und einsam in einem Ozean aus Chianti ertrank. Dieser Gedanke war mir so schrecklich und das Obstfliegchen tat mir auf einmal so unendlich leid, dass ich es aus dem Glas holte und sein kleines Leben rettete. Seitdem rette ich immer Obstfliegen aus Gläsern, wenn ich welche um ihr Leben strampeln sehe.

»Es ist nur eine Obstfliege, man kann es auch echt übertreiben mit der Tierliebe«, denken jetzt alle. Womöglich. Aber mit dem »nur« habe ich dann doch ein bisschen Schwierigkeiten. Denn wenn man sich auch noch das kleinste Lebewesen mal unter einem Mikroskop anschaut, erkennt man, wie komplex selbst die winzigsten Körper strukturiert sind, um genauso zu funktionieren, wie die Natur es für sie vorgesehen hat. Eigentlich geradezu perfekt. Irre.

Neulich habe ich mich mal mit einem Wirt, dessen Name nicht Matthias ist, vor seiner Kneipe unterhalten, und er erzählte uns, dass er jeden Abend gegen 22 Uhr ein paar Erdnusskerne auf den Rand des Blumenkastens legt, weil dann immer drei kleine Mäuschen vorbeigeschissen kommen und sie sich abholen. So süß. Aber einmal kam dann eine Ratte, erzählte er angewidert, die habe er verjagt.

Aber wo sind denn da eigentlich die Relationen? Mäuse und Ratten gehören derselben Familie an und verhalten sich ja noch nicht einmal wirklich unterschiedlich voneinander. Mäuse vermehren sich genauso unkontrolliert wie Ratten, und auch sie können tödliche Krankheiten auf Menschen übertragen. Sie sehen ja sogar genau gleich aus, wenn man mal von der Größe absieht. Also, wenn man Mäuse niedlich findet, verstehe ich nicht so richtig, wie man sich dann vor Ratten ekeln kann. «Ja, na ja, stimmt ja eigentlich schon irgendwie«, gab der Wirt zu, »wenn man es genau nimmt, sehen Ratten schon auch irgendwie niedlich aus. Aber sie haben so einen ekligen, nackten Schwanz.« »Du hast einen ekligen, nackten Schwanz! Foltert man dich deswegen mit Strychnin zu Tode?«

Na ja. Ich bin mir natürlich im Klaren darüber, dass es andere Gründe als eklige, nackte Schwänze dafür gibt, um die Rattenpopulation in gewissen Grenzen zu halten. Nur weil ich alle Viecher liebe, bin ich deswegen nicht naiv. Das Herz brechen tut es mir aber trotzdem, dagegen kann ich nichts tun.

Darum habe ich es vor ein paar Jahren auch aufgegeben, Viecher zu fressen, obwohl ich den Geschmack des Todes eigentlich wirklich liebe. Aber irgendwie wurde mir der Gedanke oll, dass eine Kuh, die eigentlich eine Lebenserwartung von bis zu 25 Jahren hätte, für mich geschlachtet wird, nur um zehn Minuten lang Freude an ihrem Geschmack haben zu können und sie anschließend wieder auszukacken. Die Verhältnisse stimmten für mich einfach nicht mehr. Ein ganzes Kuhleben für zehn Minuten meiner Befriedigung? Das war es mir dann doch nicht mehr wert. Außerdem gehe ich mal ganz naiv davon aus, dass Viecher, egal welche, es sicherlich vorziehen würden, weiterzuleben, anstatt geschlachtet zu werden, wenn sie die Wahl hätten. Nur haben sie diese Wahl eben nicht, weil ihnen die Fähigkeit dazu fehlt und wir zu ihren Ungunsten für sie entscheiden.

Heiko Werning sagte mal, dass es legitim sei, Viecher zu fressen, weil sie eben einfach weniger wert seien als Menschen. Aber abgesehen davon, dass ich rein gar nichts wüsste, das ich persönlich in meinem Leben leiste, das mir einen größeren Wert geben sollte als irgendeinem Viech – ich leiste nämlich überhaupt nüscht –, fragte ich ihn, wer denn eigentlich entscheidet, dass Menschen den größeren Wert haben. »Na, wir Menschen, weil wir eben intelligenter sind und es können, während Tiere halt in gewisser Weise dumm sind.«

Na ja. Also die AfDler und ihre Wähler sind auch extrem dumm. Und wer weiß? Vielleicht schmecken sie sogar ausgezeichnet. Fressen will ich sie aber trotzdem nicht. Schon allein deswegen nicht, weil sie so ekelerregend sind.

Die junge Tochter meines lieben Freundes und Liedermachers Christoph Theussl, die schon im Alter von neun Jahren für sich entschieden hat, kein Fleisch mehr zu fressen, fragte mich neulich, ob ich denn auch Zecken liebe. Na gut. Ich würde nicht so weit gehen zu sagen, dass ich sie liebe. Aber andererseits können sie ja nichts dafür, eklig, nervig und gefährlich zu sein. Das haben sie sich ja nicht ausgesucht, und sie haben eben keine andere Wahl, als genau so zu sein, wie sie sind, und genau so zu funktionieren, wie sie es eben tun und wie es für sie vorgesehen ist. Wir Menschen haben die Wahl und entscheiden uns trotzdem immer wieder und in jeder möglichen Hinsicht dafür, zerstörerische Arschlöcher zu sein. Also, wie viel kann unsere Intelligenz eigentlich wert sein, wenn wir es trotzdem immer wieder vorziehen, uns beschissen zu verhalten, obwohl wir auch die Möglichkeit haben, es besser zu machen?

Die Schauspielerin Thelma Ritter sagte in dem bekannten Hitchcock-Film *Das Fenster zum Hof* den Satz: »Nichts hat der Menschheit so viel Ärger bereitet wie die Intelligenz.«

Keine Ahnung. Diese Frage würde sowieso nur zu einer Grundsatzdiskussion führen, bei der ich kläglich scheitern würde, weil ich nämlich einfach viel zu dämlich bin zum Diskutieren. Na und? Dafür bin ich wenigstens gefühlsklug genug, um Viecher lieben zu können und ihren Wert für mich zu erkennen. Und ist das nicht letztendlich das einzig Wichtige, das zählt? Die Antwort lautet »Nein«. Aber is mir doch scheißegal.

Katzenjammer

Heiko Werning

Für Mandana

Schon öfter ist mir das Phänomen begegnet, dass Leute, die sich nicht viel aus Kindern machen, mitunter sogar etwas abweisend reagieren, ganz besonders von ihnen umschwärmt werden. Irgendwas scheint die Kleinen an ihnen anzuziehen. Ist es nur, dass die Kinder es einfach nicht mehr ertragen, von den vielen Kinderfreunden beständig mit »Dutzi-dutzi-dutzi«, »Hach, bist du aber groß geworden!« und Sätzen, in denen die Sprecher beständig von sich in der dritten Person reden (»Zeig das doch mal der Tante, komm doch mal rüber zur Tante, die Tante macht dir jetzt mal einen schönen Kakao«), malträtiert zu werden? Oder fühlen sie sich einfach ernstgenommener, wenn sie nicht automatisch nur deshalb, weil sie eben ein Kind sind, gleich mit überbordender Freundlichkeit überhäuft werden? Ich weiß es nicht. Aber mir kommt ein Verdacht, wieso Katzen mich so sehr mögen.

In unserem Innenhof leben derzeit vier freilebende Katzen. Sie halten aufmerksam Distanz zu den Hausbewohnern. Wenn jemand sie im Hofdurchgang bemerkt, sich zu ihnen runterbeugt und vielleicht noch ein lockendes »Miez-Miez-Miez« zuschnurrt, machen sie schleunigst die Biege und verstecken sich hinter den Müllcontainern. Vielleicht spüren sie einfach, dass etwas nicht in Ordnung ist, wenn ein Berliner einem anderen Lebewesen mal nicht feindselig gegenübertritt. Da wittern sie gleich eine Falle.

Aber wenn ich mich in unseren Hinterhofgarten setze, kommen sie an. Schnurrend umkreisen sie meinen Stuhl, schubbern sich an meinen Beinen, maunzen mich in einer Art an, die andere herzzerreißend finden würden. Aber da sind sie bei mir an den Falschen geraten. Ich habe gar kein Herz.

Neulich, als ich die Wohnzimmertür zum Hinterhofgarten offenstehen gelassen habe, ist eine der Katzen reingekommen. Sie ist in aller Seelenruhe in mein Büro getapst, hat kurz misstrauisch zu meinen Giftkröten und Leguanen in die Terrarien geguckt, dann ganz sachte gemaunzt und sich schließlich unter meinem Schreibtisch zusammengerollt, an dem ich gerade saß und schrieb. Dann hat sie behaglich vor sich hin geschnurrt. Wenn andere Leute arbeiten, sich selbst faul daneben legen und vor Wohlbehagen herumschnurren, das haben wir gerne! Da ich aber, wie gesagt, gar kein Herz habe, konnte ich es natürlich auch nicht über selbiges bringen, sie davonzujagen. Sollte sie halt da liegen und schnurren. Wahrscheinlich war sie müde von den Kämpfen mit den Ratten im Keller.

Als ich später aufgestanden bin, um den Müll nach draußen zu bringen, mochte die Katze nicht allein unterm Schreibtisch liegen bleiben und folgte mir gemessenen Schrittes aus der Wohnung in den Hof. Wo ein Nachbar, der gerade sein Fahrrad anschloss, mich mit großen Augen anguckte, als ich mit dem Müllsack in der Hand und der Katze im Gefolge aus dem Treppenhaus trat. Es war der Künstler aus dem Vierten. »Was machst du denn mit der Katze?«, fragte er mich, mit so einem seltsamen, misstrauischen Unterton. Als ob ich das Tier gleich direkt in den Müllsack packen und dann in den Container befördern würde.

Der Künstler kennt mich. Wir sind auf Facebook befreundet. Vermutlich sieht er dort meine regelmäßigen »Wer braucht schon Katzen?«-Postings, in denen ich Tiere vorstelle, die viel besser sind als Katzen. Das ist eine gute, weil unendliche Serie, denn im Prinzip ist natürlich jedes Tier besser als eine Katze.

Dabei habe ich gar nichts gegen Katzen. Ich möchte halt einfach nur, dass sie erschossen werden. Oder meinetwegen auch vergiftet, ich bin da kein Dogmatiker. Das ist auch nicht katzenverachtend. Ich plädiere vielmehr dafür, Katzen wirklich zu achten: Als Gulasch sollen sie gut schmecken, und aus dem Fell lassen sich sicherlich hübsche Sachen machen. Auf jeden Fall aber müssen sie weg, wenn sie draußen frei in der Natur herumlaufen. Drinnen dagegen dürfen sie meinetwegen gerne sein, in Wohnungen, Häusern, warum nicht auch auf gesicherten Balkonen oder in Käfigen oder Volieren? Mit Freuden! Aber eben nicht frei draußen, wo sie ihrer Bestimmung gemäß nun mal vor allem eines machen: andere Tiere tot. Mordend und brandschatzend ziehen sie durch die Natur und eine Blutspur hinter sich her. Ganze Tierarten haben sie inzwischen ausgerottet. Gut, vornehmlich auf Inseln. Wobei Australien schon eine ziemlich große Insel ist. Aber auch auf den Kontinenten ist ihr Wirken verheerend. Milliarden und Abermilliarden Vögel, Kleinsäuger, Reptilien und Amphibien werden von ihnen zu Spielzeug degradiert oder gleich getötet. Reihenweise Studien belegen den erheblichen negativen Einfluss auf die Populationen von Wildtieren, und je nach betroffener Art ist der sogar dramatisch.

Natürlich gibt es viele Argumente, mit denen Katzenliebhaber die Katzen in Schutz nehmen. Das Gute daran ist: Sie sind alle Quatsch. Das macht es so schön einfach.

Fressen und gefressen werden, so ist eben die Natur! Schon richtig, aber Hauskatzen sind so sehr Natur wie mit Botox aufgespritzte Gesichtszüge oder silikongefüllte Brüste. Hauskatzen sind ein Produkt des Menschen wie Synthetikwolle oder Kunstleder. Sie erreichen absurd hohe Populationsdichten, weil sie eben nicht in den natürlichen Kreislauf von Fressen und Gefressenwerden integriert sind, sondern in ihrer Homebase reichlich gefüttert und tiermedizinisch betreut werden, um derart geupgraded dann auf die freilebende Tierwelt loszugehen.

Aber früher gab es hier ja auch überall Wildkatzen! Richtig, aber die hatten kein Whiskas und keinen Tierarzt. Die durchschnittliche Populationsdichte von Wildatzen liegt bei etwa 0,5 Tieren pro Quadratkilometer, und das auch nur in besonders günstigen Lebensräumen. 0,5 Katzen pro Quadratkilometer! Darauf könnten wir uns meinetwegen gerne einigen. Das würde bedeuten, das im gesamten Land Berlin 445 Katzen leben dürften. So viel ungefähr schleichen allerdings derzeit allein um unseren Häuserblock. Und übrigens, das noch am Rande: Für Wildkatzen sind Hauskatzen eine der gefährlichsten Gefährdungsursachen, da die beiden Arten sich untereinander paaren können und dies wegen der Allgegenwart der Hauskatzen auch reichlich tun, wodurch der Genpool der Wildkatzen nach und nach ausgelöscht wird.

Meine Katze hat noch nie einen Vogel getötet! Die tut so was nicht! Genau. Und Ihre Kinder haben Ihnen immer und ausschließlich die Wahrheit gesagt. Und Donald Trump hat die Wahl 2020 mit großem Abstand gewonnen. Wer mit Katzenhaltern spricht, hört das immer wieder: Ganz ausnahmsweise nur habe das eigene Tier mal einen Vogel vor die Haustür gelegt. Das könne so schlimm gar nicht sein. Allerdings ist es nun einmal so: Jeder killt für sich allein. Katzen erst recht. Sie bringen, wenn überhaupt, nur einen Bruchteil der Beute mit nach Hause. Den Rest fressen sie oder lassen ihn irgendwo achtlos liegen, wenn das Spielzeug nicht mehr richtig funktioniert. Auch das ist in wissenschaftlichen Untersuchungen gut belegt. So hat man beispielsweise Hauskatzen mit sogenannten Kitty-Cams ausgestattet, die einfach alles mitgefilmt haben, was der Liebling draußen so anstellt, während Frauchen das Katzenklo putzt. Da hat Frauchen dann aber gestaunt bei der Auswertung.

Meine Katze hat ein Glöckchen um! Schön. Dann hören die Jungvögel, Eidechsen und Ringelnattern noch die Totenglocken läuten, bevor sie erlegt werden. Katzen sind hocheffiziente Räuber. Die Glocke mag ihnen den einen oder anderen Fang verhageln, mit dem einzigen Effekt, dass sie es dann eben wieder und wieder versuchen, und irgendwann werden sie Erfolg haben.

Das ist doch lächerlich, jetzt ausgerechnet auf Katzen zu zeigen! Anderes ist viel schlimmer! Industrielle Landwirtschaft, Naturzerstörung, Umweltgifte. Ja, stimmt. Anderes ist viel schlimmer. Gäbe es das andere nicht, wären Katzen sicherlich kein großes Problem für zumindest kontinentale wildlebende Tiere, weil es einfach viel mehr wildlebende Tiere gäbe, sodass die paar Milliarden Todesopfer Ausfall durch Katzen nicht so ins Gewicht fielen. Das Ding ist nur: Es gibt aber industrielle Landwirtschaft, Naturzerstörung und Umweltgifte. Und zusätzlich gibt es noch Katzen. Bei ohnehin schon durch allgemeine Lebensraumzerstörung dramatisch geschrumpften Wildtierbeständen fallen die zusätzlichen Opfer doppelt schwer ins Gewicht.

Der Mensch ist viel schlimmer. Der Mensch ist die Plage des Planeten. Der Mensch ist das eigentliche Problem. Tierliebe ist leider oft nur ein anderes Wort für Menschenfeindlichkeit. Abgesehen davon ist aber auch der Mensch nur ein einigermaßen skurriles Tier, das es verdient, geliebt zu werden. Und das halt, wie jedes andere Tier auch, dem Überleben der eigenen Art Priorität vor anderen einräumt. Nur, dass der Mensch sich dabei, zugegeben, nicht sonderlich geschickt anstellt. Ansonsten gilt das oben Gesagte: Die Hauskatze ist ein Produkt des Menschen, wer also auf den Menschen schimpft, schimpft auch auf die Katze. So wie ich eben. Ist doch ganz einfach.

Also, wie gesagt: Ich habe überhaupt nichts gegen Katzen. Entsprechend unangemessen finde ich den misstrauischen Blick, den der Künstlernachbar mir zuwirft. »Ich tu ihr schon nichts«, beruhige ich ihn, »hier im Wedding erwischen die Katzen ja höchstens mal ein paar junge Ratten oder Tauben. Das ist mir egal.« Der Künstlernachbar guckt überrascht: »Wie? Ach so! Wegen deiner Hetztiraden auf Facebook, ja? Nee, keine Sorge. Ich gucke nur, ob ich die Katze vielleicht kenne.« Ich bin überrascht: »Wieso solltest du sie kennen? Vermisst ihr eure?« »Nein, wir haben gar keine. Aber andere Leute vermissen ihre Katzen. Andauernd. Und hängen dann diese Suchplakate auf. *Wer hat unsere Mauzi gesehen?* Kennst du doch bestimmt.« »Ja, klar. Und?« »Na ja, solche Katzen male ich.« »Was?« »Ich male die Katzen von den Fotos auf den Vermisst-Plakaten.« »Wie?« »In Öl.« »Äh, ja. Aber: warum?« »Wie warum? Das ist halt ein Kunstprojekt. *Lost Cats.* 17 Bilder habe ich schon.« Ich schaue ihn misstrauisch an. »Du malst verschwundene Katzen?« »Ja. Finde ich sehr stimmungsvoll. Verkauft sich auch gut.« »Gibt es denn da genug?« »Na klar, die verschwinden ja immer mal wieder. Da geht mir das Material so schnell nicht aus.«

So, so, denke ich. Der verdient sein Geld damit, dass Katzen verschwinden. Ich betrachte den Nachbarn nochmals eingehend. Sieht eigentlich ganz harmlos aus. Aber harmlos sah Fritz Haarmann mit dem Hackebeil wahrscheinlich auch aus.

Die Katze schaut mich fragend an, während ich den Müll in den Container schütte. »Komm Miezi«, flüstere ich ihr zu, »wir beide gehen schnell wieder schön rein.« Sie läuft mir zufrieden hinterher, während ich zurück in die Wohnung gehe. Ich atme auf, als ich die Tür hinter uns schließe. Dich kriegt er schon mal nicht, der saubere Herr Künstler mit den in Öl gegossenen Katzenleichen! Dann gehe ich zum Kühlschrank und stelle dem Kätzchen ein Schälchen Milch hin. Soll ja auch nicht leben wie ein Hund.

Marta

Ahne

Wir haben eine Schildkröte bei uns zu Gast. Sie klingelte eines Morgens und sagte, sie wäre neu in der Stadt und wüsste nicht, wo sie schlafen solle. Nein, das habe ich mir natürlich ausgedacht. Schildkröten können ja gar nicht klingeln, die haben nicht so lange Arme, außer in Trickfilmen.

Nein, wir haben sie in Pflege. Für eine Woche. Eine Frau wollte mal in Urlaub, nach Mallorca, mal ausspannen, Beine in die Luft, Blick glasig, und das geht natürlich nicht mit einer Schildkröte. Die stört. Die darf auch nicht mit ins Flugzeug, weil, Mallorca ist ja eine Insel. Da kommt man nur mit dem Flugzeug hin oder mit dem Boot, Tretboot. Ist aber gefährlich, wegen der Wellen, deshalb Flugzeug. Und man darf ja aber keine Flüssigkeiten mit ins Flugzeug nehmen, das liegt am Terrorismus, und eine Schildkröte ist ja sozusagen ein Flüssigkeitsbehälter. Da ist ja in der drin Flüssigkeit. Das Blut ist ja flüssig. Frage mich zwar, was das jetzt mit Terrorismus zu tun haben soll, ich meine, man kann ja bei so einer Schildkröte nicht einfach das Blut durch Flüssigkeitssprengstoff ersetzen, das würde die ja merken, die Schildkröte, und vermutlich sterben, aus Protest. Da bräuchte man doch eigentlich bloß beim Sicherheits-Check kontrollieren, ob die Schildkröte noch lebt, aber gut, mit Logik haben es die Gesetzgeber ja oft nicht so.

Unsere Schildkröte ist eine Landschildkröte. Eine Vierzehenschildkröte. Die heißt so, weil sie vier Zehen hat. Eigentlich ja sechzehn, wenn man die Finger mitrechnet, aber wollen wir mal nicht so streng sein. Vier Zehen an jedem Fuß. Wie bei den Simpsons. Die sind aber gelb. Unsere Landschildkröte dagegen sieht ein bisschen aus wie ein Spatz, von der Farbe her. Sie hat auch einen Schnabel. Den muss man, haben wir von ihrer Besitzerin gelernt, alle zwanzig Jahre muss man den Schnabel ein wenig abfeilen, damit der nicht so lang wird. Da habe ich mich natürlich gefragt, wie das die Vierzehenschildkröten in Freiheit bewerkstelligen. Vielleicht gibt es da einen Feilenbaum, an dem sie alle zwanzig Jahre sich ihren Schnabel abrubbeln? Oder sie haben ein Symbiose-Tier? Einen Sägefisch? Bloß auf dem Land? Einen Landsägefisch oder so was Ähnliches? Dem knabbern sie vielleicht die Läuse aus dem Pelz, und dafür sägt der ihnen den Schnabel ab, alle zwanzig Jahre?

Schildkröten werden ja sehr alt. 150, 180 Jahre. Oder 1.000! Da kann ein gewöhnlicher Landsägefisch, fürchte ich, nicht ganz mithalten. Aber in der Natur findet sich für alles eine Lösung, durch Evolution. Zum Beispiel könnte das vererbt werden, bei den Landsägefischen, so wie bei uns Häuser, die werden ja bei uns auch älter als wir, wenn sie aus Stein gebaut sind und nicht aus Stroh oder Tuch. Obwohl Tuch ja auch ganz schön alt werden kann. Es gibt ja Tücher, von Jesus Christus sogar, wo der drauf abgebildet ist, durch ein Wunder. Das muss ja dann mindestens 2025 Jahre alt sein, nach Adam Riese. Kann man sich angucken. Liegt in einer Kirche in Rom oder in Bethlehem, weiß ich nicht mehr genau. Da muss man mal den Pfarrer da fragen. Wenn das Tuch, wenn man das gegen die Sonne hält, sieht man übrigens ganz deutlich den Jesus, wie der damals aussah. Ein bisschen wie ein

Alien. Wie eine Schildkröte, bloß ohne Schild, dafür mit Haaren.

Marta heißt unsere Schildkröte. Obwohl sie ein Mann ist. Aber das kam erst später raus, als sie den Schwanz gemessen haben. Schildkrötenmänner besitzen nämlich einen längeren Schwanz als Schildkrötenfrauen. Das ist bei uns Menschen anders. Obwohl, in gewissen Kreisen redet man ja ebenfalls von Schwänzen bei Männern. Da handelt es sich aber nicht wirklich um einen Schwanz, sondern um das Geschlechtsteil. Das kann mal größer, mal kleiner sein, was aber nicht so wichtig ist, wenn man dem glaubt, was im Fernsehen behauptet wird. Auf die Technik käme es an, sagen sie dort. Nun ja.

Erdbeeren frisst sie am liebsten, unsere Schildkröte, und Salat. Die Marta. Beziehungsweise der Marta. Den Namen wollten sie nicht mehr ändern, später. Dabei haben sie es versucht. Haben ihn nacheinander Heinz genannt, Ernst, Waldefried, Jimmy, aber Marta hat nicht drauf gehört. Sie ist einfach nicht gekommen, wenn man sie so rief. Okay, sie ist auch nicht gekommen, wenn man sie Marta gerufen hat, aber manchmal zwinkert sie mit den Augen. Und zwar von unten nach oben, genau anders herum als bei uns. Süß.

Die Liebe der Kröten

Spider

Der Frühlingsspaziergang fühlt sich fast an wie ein Herbstspaziergang. Aber nur fast. Kahle Bäume und runtergefallenes Laub. Aber die Stimmung ist heller. Ich habe ja das Glück, dass meine Kinder Spaziergänge mögen und Natur. Es gibt noch keine Mücken. Die Vögel üben singen. Die Spechte basteln. Die Menschen schimpfen mit ihren Hunden. Am Wegesrand parken die Autos der Jogger, die sich dringend bewegen wollen. Bunte Spaziergänger am See öffnen die Reißverschlüsse, und ein Kind hat seine Schuhe ausgezogen. Im Laub raschelt es. Aber man sieht nichts. Ein Vogel vielleicht oder eine Maus. Aber man sieht nichts. Dann doch. »Guck mal, Papa, was für ein großer Frosch!« – »Das ist eine Kröte!« Die Kröte hat die Farbe von Laub, hellbraun mit dunkelbraun. Trotzdem schön. Meine Mutter war ja felsenfest der Meinung, die Kröte ist die Frau vom Frosch. Sie war nur schwer von etwas anderem zu überzeugen. Sie glaubte auch, der Hirsch ist der Mann vom Reh.

Die Kröte im Laub hat auch einen Mann. Jetzt sieht man ihn auch. Er sitzt auf ihrem Rücken. »Papa, guck mal, die kleine Kröte reitet auf der großen.« – »Ja«, sage ich, »die beiden machen Liebe. Die Große ist das Weibchen und die Kleine das Männchen.« – »Echt jetzt? Sex? Ist ja ekelhaft!« Die Kröte läuft ein paar Schritte und trägt das Männchen mit sich.

Wie die beiden sich wohl kennengelernt haben? Sie haben

ja keine Smartphones mit Datingapps. Die machen bestimmt was Altmodisches. Quaken oder so. Aber quaken Kröten? Oder machen das nur Frösche? Vielleicht quaken Kröten in einem Frequenzbereich, den wir nicht hören können. Infrarot oder wie das heißt. Wo die sich wohl getroffen haben? Gibt's im Wald so Clubs für Tiere? Und er hat sich Mut angetrunken und sie schließlich angequatscht? Ganz offensichtlich hat sie ihn ja abgeschleppt. Vielleicht war er so breit, dass er nicht mehr gehen konnte. Nicht mal auf allen Vieren. Jetzt sitzt er auf ihrem Rücken und fragt sich, was zur Hölle hier eigentlich gerade abgeht.

Ich finde ja, die beiden sind ein schönes Paar. Ich rufe ihnen zu: »Aber denkt an die Verhütung!« »Papa, du bist eklig!« »Ich meine es doch nur gut, wisst ihr, wie viele Kinder Kröten kriegen?« Andererseits müssen sie sich ja nicht drum kümmern. Keine Geburtsvorbereitungskurse, keine Kindergeburtstage, keine Einschulungsfeier. Keine Elternabende und kein Abiturstress. Die Krötenkinder erledigen das alles ganz alleine, die Eltern müssen gar nichts machen. Die sind frei. Ich würde jetzt gerne abhauen. Aber die Kinder sind schnell. Ich versuche es gar nicht erst. Und wir sind schließlich keine Lurche.

Die Kinder haben inzwischen Appetit bekommen, frische Luft und so. Ich hingegen, kopulierende Kröten und so, ich habe Appetit bekommen, aber auf Sex. Die Kinder sagen: »Wir wollen was essen!« Ich sage nichts. Ich hätte jetzt gerne ein großes Weibchen mit einem breiten Rücken voller brauner Warzen. Auf den würde ich mich setzen und mich ein Stückchen von ihr durch den Wald tragen lassen. Oh Mann, da hätte ich jetzt echt richtig Bock drauf. Ich habe ja auch eine sehr starke animalische Seite in mir drin.

Bei dem vielen trockenen Laub ist es sicher gut, dass die Kröten keine Zigarette danach rauchen. Ich denke mir, dass die vielleicht noch bis zum Herbst oder so zusammenbleiben. Eine Sommerliebe. Abends hocken sie zusammen am Seeufer und bewundern den Sonnenuntergang. Snacken ein paar Insekten. Und beobachten Menschen beim Planschen. Einmal haben sie hinter einem Gebüsch zwei Menschen gesehen, wie sie Liebe machen. Das sah total komisch aus und sie mussten lachen, die Kröten, in einem Frequenzbereich, den niemand von uns hören kann.

Geld sparen im neuen Jahr

Falko Hennig

Heute spare ich viel Geld. Zuerst zehn Euro Eintritt ins Jüdische Museum, weil mich meine Liebste einlädt. Wir sehen uns die Sonderausstellung *Access Kafka* an, und als wir wieder herauskommen, ist mein Fahrrad verschwunden, das ich an einem Fahnenmast angeschlossen hatte.

Anfang November habe ich Bürgergeld beantragt und bisher noch keine Bewilligung bekommen. Ich zweifle nicht daran, dass mir diese Sozialhilfe gewährt wird, aber ich sollte das Fell des Bären noch nicht verteilen, bevor ich ihn erlegt habe. Denn viele Unbekannte spielen dabei eine Rolle.

Drei Anlagen EKS musste ich ausfüllen, und nur, wer schon jemals eine Anlage EKS ausgefüllt hat, weiß, was es damit auf sich hat. Für Monate muss man seine zukünftigen Einnahmen angeben, dazu die Ausgaben und viele, viele Zahlen. Sodann Kontoauszüge und Offenlegung aller Finanzen. Das alles habe ich geschafft, und nun brauche ich nur noch ein wenig Geduld.

Was mich vorerst rettet, ist die Betriebskostenrückzahlung von 1.500 Euro. Außerdem kann man auch in diesen Zeiten recht sparsam leben, indem man das billigste Brot für 99 Cent kauft und die billigste Margarine anstatt Butter. Das hat zudem den Vorteil, dass man weniger isst, weil es nicht so gut schmeckt. Dazu das gute Berliner Leitungswasser, und diese Diät ist sehr viel gesünder, als beispielsweise nur von Bier zu leben.

Nur von Bier zu leben, ist der Traum vieler Deutscher. Allerdings ist die Wirkung auf den Körper unvermeidlich wie die Frage, ob man damit zuerst an Vitaminmangel oder an Leberzirrhose stirbt. Bier und Brot sind in Deutschland ziemlich billig, so wie Cappuccino in Italien oder Injera in Äthiopien, Reis in China oder Hamburger in Amiland.

Aber zurück zum Jüdischen Museum und meinem verschwundenen Fahrrad. Was heißt schon »mein Fahrrad«? Ein eigenes Fahrrad kann ich mir schon lange nicht mehr leisten. Es ist mein Dienstrad und gehört *Berlin On Bike*, was es nicht besser macht. Diebstahl ist ausgeschlossen, denn das gesamte Gelände wird von der Polizei streng bewacht. Und jetzt, zu spät, lese ich auch auf einem Schild, dass jedes Abstellen egal welcher Fahrzeuge streng verboten ist.

Der Polizist, den ich frage, erklärt mir sofort, dass 300 Euro Strafe fällig sind und ich die Nummer auf dem Fahrrad anrufen solle. Ich habe nicht das Glück des Tüchtigen, sondern einfach nur großes Glück, dass die Polizei das Fahrrad nicht gesprengt, sondern abgeschlossen und mit neuer Nummer im Zahlenschloss 20 Meter weiter wieder angeschlossen hat. Es sollte mir zu denken geben, dass dieses Zahlenschloss scheinbar von Kundigen ohne Mühe geöffnet und mit neuer Zahl versehen werden kann.

Ich muss bei *Berlin On Bike* anrufen und Asche auf mein Haupt streuen. Wieder einmal ist bewiesen, dass ich der schlechteste Fahrrad-Guide der Welt bin. Anstatt als Vorbild stets alle Vorschriften einzuhalten, habe ich das unübersehbare Verbotsschild direkt vor dem Museum ignoriert und kann froh sein, dass der Mossad mich nicht erschossen hat.

Es ist ziemlich kalt und es fällt mir schwer, mein Glück richtig auszukosten. Wie hätten sich die 300 Euro Strafe auf meine Stimmung gelegt? Ganz furchtbar!

So ist alles, bis auf das Wetter, sonnig und fröhlich, und wir schlemmen in einem Restaurant, und ich schaffe es, von diesen gigantischen Pizzas bei den Pizzapunks anderthalb zu verspeisen. Der Trick ist, möglichst schnell zu essen, damit die Sattheitssignale nicht zu früh mein Gehirn erreichen.

Eigentlich braucht man, um sich glücklich zu fühlen, bescheidenen Wohlstand, große Armut oder Geldmangel machen es schwierig.

Aber es gibt schöne Ausnahmen, und obwohl ich 20 Euro für dieses Essen verschwende – von 20 Euro könnte ich mit Brot und Margarine fast einen Monat leben –, habe ich trotzdem wunderbare Laune, die sich durch ausgiebige Siesta in der mollig geheizten Wohnung noch verbessern lässt. Dann drehe ich die Heizungen und Lichter aus und radle zu meiner Liebsten. Was spare ich damit wiederum für Geld!

Ich bin so satt, dass ich den weiteren Monat nichts mehr essen muss, und es ist kalt draußen und wir liegen in der geheizten Wohnung vor der Glotze und sehen uns vier Teile der mittelmäßigen Dokumentation *James Brown: Say It Loud* an.

Er war der Godfather of Soul und eine funky *Sex Machine*. Das ist sehr bemerkenswert, denn er war sehr klein, eher dick und hässlich wie die Nacht, extrem bösartig, sehr gewalttätig, ein bisschen wie Klaus Kinski, aber von unangenehmem, weil heuchlerischem Frömmlertum. Gegenüber einem brutalen und aggressiven Mann, der dabei ständig herausstreicht, wie sehr er Gott vertraut und ihm dankt, ist mir ein Satanist viel lieber, der einfach still Gutes tut.

Browns erster Gefängnisaufenthalt als Jugendlicher hat ihn zur Bühne gebracht, mit knapp 70 ist er nochmal wegen drogeninduzierter Verkehrsdelikte eingefahren. Grotesk sein Auftritt mit Pavarotti, der bei *It's a Man's World* einfällt wie ein Nebelhorn aus einer anderen Galaxie. Würde Brown noch leben und wäre er noch kräftig genug, würde er bis heute seine Frauen durchprügeln, oder wer immer ihm schwächer erschiene.

Überhaupt nicht thematisiert wird seine Auftrittsmöhre, die er sich vor jeder Show in die Hose gesteckt haben soll. Vielleicht stimmt's nicht. Seine Mitmusiker hat er terrorisiert, wer eine falsche Note spielte oder zu spät kam, musste Strafe zahlen und sollte wahrscheinlich noch froh sein, nicht von ihm ausgepeitscht zu werden. Dass er politisch ausgerechnet Richard Nixon unterstützte, ist das saure Sahnehäubchen seines öffentlichen Lebens. Richard Nixon war so abgrundtief böse, dass Donald Trump gegen ihn wie Jesus Christus oder Mahatma Gandhi wirkt. Es heißt, dass Nixon so böse war, dass sogar er selber darüber nachts Depressionen bekam.

Ich vermute, dass es diese Bösartigkeit war, die James Brown anzog. Nixon und Brown kamen aus sehr unterschiedlichen Welten, aber sie erkannten sich als Seelenpartner, und das ist ja etwas sehr Bezauberndes:

Gib uns die Hand, mein schwarzer Bruder

Gib uns die Hand, mein armer Bruder

Gib uns die Hand, mein starker Bruder

»Black and white« werden ändern die Welt

Ich bin leider in Bezug auf das Gute und die Änderung und erst recht die Verbesserung der Welt über die Jahre sehr pessimistisch geworden. Weil das Gute scheinbar für die Menschen immer das Böse nach sich zieht.

Es war doch gut, das Auto zu erfinden, damit man nicht mehr so viel laufen musste. Ergebnis: Tausende Unfalltote allein in Deutschland pro Jahr, Smog, Umweltkatastrophe und Bandscheibenvorfälle.

War es nicht gut, mit Antibiotika und Impfungen Krankheiten zu verhindern und zu heilen? Und mit Kunstdünger und industrieller Landwirtschaft die Erträge zu erhöhen? Ergebnis: Überbevölkerung und Hungerkatastrophen.

Vielleicht ist es so, dass die Menschen, die das Gute wollen, damit Böses schaffen und umgekehrt, dass böse Menschen wie Nixon und James Brown so, gegen ihre Intention, das Gute erzeugen.

Ich will gerecht sein. Die großen Songs von James Brown sind groß und tanzen konnte er sehr gut, auch sein Einsatz für schwarze Bürgerrechte vor seiner Allianz mit Nixon ist löblich. Und schließlich hat es wohl vor und nach ihm keinen Bühnenkünstler gegeben, der so gut schwitzen konnte wie er.

Darin wird er mir immer großes Vorbild bleiben.

Generation Joystick

Frank Sorge

Meine Kinder sind schlau. Sie gucken zum Beispiel gerne stundenlang Wissenssendungen für Kinder im Internet. Aber das Schlaue ist nicht, dass sie dadurch immer schlauer werden, sondern dass ich mich garantiert nicht hinstelle und sage: »Jetzt hört doch mal auf, ständig diese Wissenssendungen zu gucken.« Oder: »Das ist jetzt aber zu viel Wissen für euch, Wissen ist nicht gut für euch.« Es kommt immer häufiger vor, dass ich ihnen was erkläre und sie mich im Detail dann korrigieren, weil ihnen Checker Tobi das schon mal richtig erklärt hat. Seit ein paar Jahren gucke ich jetzt, wenn sie schlafen, eine Wissenssendung nach der anderen auf You-Tube. Damit sie mich nicht einholen.

Sie spielen gerne Computerspiele, was auch irgendwie schlau ist und schlau macht. Als Vater gönne ich ihnen gerne, was ich mir versage, weil die Wäsche aufgehängt werden muss. Ich bin dann oft so platt am Abend, dass ich selbst nicht mehr spiele, sondern nur anschaue, wie andere das spielen, was ich auch gerne spielen würde. Als das *Let's-Play*-Genre aufkam, vor mindestens fünfzehn Jahren von heute aus, traf ich schnell die ersten Abhängigen, zum Beispiel den Betreiber eines großen Internet-Forums. Er hätte viel zu wenig Zeit, erzählte er mir, nicht nur, um selbst zu spielen, sondern auch um die ganze Ausrüstung zu pflegen und die nötigen Specs zu erreichen, die Software zu optimieren und

Grafikkarten zu jagen. Spiele kosten ja zudem selbst ordentlich Geld, und da er fast dieselbe Freude empfinde, andere die Spiele spielen zu sehen, wäre er eigentlich sofort ganz umgestiegen. Außerdem hätten diese Leute im Internet ja den Ehrgeiz, alles zu Ende zu spielen, wie man ihn selbst nicht aufbringt. Man sähe also endlich mal wirklich alles vom Spiel und nicht nur den Anfang, nach dem man entnervt aufgibt. Ich finde das bis heute sehr plausibel.

Also kann ich es den Kindern nicht verdenken, dass sie zu all ihren Spielen auch noch *Let's-Play*-Serien gucken wollen, um wirklich alles zu verstehen und alle Rätsel zu finden. Wenn ich ehrlich bin, sahen die ersten Jahre meiner Erfahrungen mit Computerspielen genauso aus in den Achtzigern, nur dass ich neben Klassenkameraden und anderen Freunden saß und denen beim Spielen zuguckte. Klar, wir wechselten uns ab und so, aber es war immer etwas anderes, auch der Besitzer des Computers zu sein, und das war mir erst mit dem Amiga 500 vergönnt.

Die *Let's-Play*-Youtuber sind alle schräg, egal, wen man ansieht. Entweder sind sie ungewollt schräg oder schräg, weil man schräg sein muss, um solche Kanäle zu machen. Man muss dusselig quatschen, die ganze Zeit, das gehört zur Form, denn sonst schalten die Zuschauer ab. Als *Let's-Play*-Youtuber ersetzt man die privilegierten Freunde und Verwandten von damals, die man auch ertragen hat, wenn sie genervt haben, damit man zwischendurch an den heiligen Commodore 64 konnte. Einen Joystick hatte ich, wenn ich mich richtig erinnere, schon weit vor dem Computer selbst und nahm ihn zu anderen mit. Was für eine selige Zeit! Wenn es die Kinder also besser haben sollen als man selbst, haben sie auch hier wenig Interventionen zu befürchten.

Ich halte viel von Computerspielen, sie sind das Neueste, Frischeste und wohl Zukunftsträchtigste der Medien, die Geschichten erzählen. Das Besondere ist, dass sie Geschichtenmaschinen sind, und ich würde sogar so weit gehen zu sagen, dass jedes Computerspiel eine Geschichtenmaschine ist. Für mich ist es jedenfalls das, was Computerspiele interessant macht, dass sie bei jedem Durchgang eine Geschichte erzeugen oder weiterschreiben. Selbst als wir wie wild an den Joysticks gerüttelt haben oder auf Tasten links/rechts, um in den Olympischen Sommerspielen Medaillen zu erringen, waren das immer Geschichten, die in diesem Moment geschrieben wurden. Goldmedaille im Weitsprung, Frank Sorge, 1987 in Britz, Parchimer Allee, Neukölln, alte Häuserreihe neben dem Neubau, bei Sven am Commodore 64.

7.
Denn nur eine Woche lang
zum nächsten Empfang

Höhepunkte meines Lebens: Hamburg

Ahne

Es muss in den Neunzigern gewesen sein, im zwanzigsten Jahrhundert. In der Bundesrepublik Deutschland herrschte der schlimme Schröder, der die Armen demütigte und selber lebte wie die Made im Speck. Vielleicht war es aber auch zu Zeiten von Helmut Kohl noch gewesen, Gott hab ihn selig, als überall Landschaften blühten und Honig vom Himmel tropfte, zumindest im Osten.

Auf jeden Fall war ich arbeitslos und wohnte in einer WG, zusammen mit Inge, oder wie die hieß, und noch welchen, und einem großen Hund. Wir hatten immer gute Laune. Kurz zuvor hatte ich damit begonnen, Sonntag für Sonntag selbst verfasste Texte bei einer *Reformbühne Heim & Welt* vorzutragen. Zu sechst, zu siebt, zu acht traten wir im *Schokoladen* auf, vor Betrunkenen. Eine Frau, der Rest Männer, was daran lag, dass es damals nur eine Frau gab, in der Bundesrepublik. Kann sich heute keiner mehr vorstellen, oder vielleicht ja doch.

Eines Sonntags jedenfalls kam, ich glaub, es war unser Schwabe, Bov Bjerg, mit der Kunde hereingeschneit, die Satire-Zeitschrift *Titanic*, die mit Zonen-Gabi und ihrer ersten Banane, veranstalte einen Theodor-W.-Adorno-Ähnlichkeitswettbewerb in verschiedenen Städten, der offen sei, wo Kurzgeschichten vorgelesen würden. Horst Evers von der befreundeten Lesebühne *Dr. Seltsams Frühschoppen* trete in Berlin auf, Bov würde nach Leipzig fahren. Außerdem gäbe es noch Vorrunden in Köln, Stuttgart und Hamburg. Vielleicht auch in Bielefeld, weiß nicht, ob es Bielefeld damals schon gab.

Ich wollte eigentlich gar nicht mitmachen. Ich kannte Theodor W. Adorno überhaupt nicht. Der sah bestimmt völlig anders aus als ich. Doch Freund und Kollege Falko Hennig lockte, er könne uns mit seinem Auto nach Hamburg chauffieren, so müsse ich keine Zugfahrkarte kaufen, außerdem lese dort eines meiner Idole, Wiglaf Droste. Echt jetzt? Echt.

Falkos Auto entpuppte sich dann als Trabant. Ein Trabant ohne Dach. Wir mussten uns dick einmümmeln, Winterjacke, Mütze, Schal, Handschuhe, obwohl es Frühling war, denn auf der Autobahn, der Fahrtwind, wir würden es sonst nicht überleben. Hinten, auf der Rückbank, hatten wir jede Menge Lebensmittel gebunkert, also Bier, denn das Bier in Hamburg, das konntest du nicht trinken, hatten wir gehört, ähnlich wie in Berlin. Eine Schnapsidee also, aber wir würden auf der Fahrt nach Hamburg zumindest nicht verdursten.

In Hamburg angekommen, war es dort sehr schön, glaube ich. Hamburg eben. Wir steuerten direkt die Veranstaltungshalle an, vor der eine lange Schlange von Wartenden stand. Das lag daran, dass irgendwelche autonomen Splittergruppen proklamiert hatten, sie würden den Auftritt von Wiglaf Droste dort verhindern, weil der in irgendeinem Text irgendetwas geschrieben hatte, was sie nicht lustig fänden. Sämtliche Einlassbegehrenden wurden deshalb nach Bomben durchsucht, und das dauerte. Ich dachte mir, oh nein, worauf hab ich mich nur eingelassen? Nachher sitzt da im Publikum ein autonomer Splittergrüppler, ein Freund vielleicht von dem, dem sie die Bombe abnahmen, und der findet dann auch in meinem Text was, was er nicht lustig findet, so was macht ja schnell die Runde, dann müssten wir bei der *Reformbühne* auch immer alle nach Bomben durchsuchen, macht doch keiner, bei uns, alle viel zu faul.

Aber vielleicht dachte ich das auch nicht, weil ich damals noch nicht so viel dachte? Das kann sein. Ich war jedenfalls der Einzige außerhalb des illustren *Titanic*-Kosmos, der am dortigen Vorrunden-Entscheid teilnahm. Das wunderte mich. Trauten sich die Hamburger nicht? Hatten sie Angst vor autonomen Splittergruppen? Die Zuschauerinnen anscheinend nicht, sie strömten in Scharen zum Universitätssaal. Tausend waren es, oder 400? Ich kann schlecht schätzen. Mehr als 50 auf alle Fälle. Die *Titanic*-Autoren, die ihre Texte vortrugen, waren alle sehr gut. Nur manche konnten nicht so gut vorlesen. Als ich aufgerufen wurde, spürte ich kaum Lampenfieber. Was sollte schon passieren? Mich kannte ja keiner. Ich war angekündigt worden als jemand von außerhalb, der sich beworben habe, ein offenes Mikrophon, im Prinzip.

Keine Ahnung, was ich vorlas, auf jeden Fall schien es den Leuten zu gefallen. Per Applaus wurde danach abgestimmt, und der legendäre Fritz Tietz sowie ich erhielten etwa gleich viel Applaus, ein Applaus-Stechen musste entscheiden, aus dem ich als Sieger hervorging. Das gefiel nicht jedem. Ein Mann enterte die Bühne, stürmte ans Mikrophon. Kein autonomer Splittergrüppler der judäischen Volksfront, es war Wiglaf Droste, der das Ergebnis in Zweifel zog. Er behauptete, dies sei eine konzertierte Aktion, wir Berliner von der *Reformbühne* würden in allen Städten die Siege nur deshalb erringen, weil wir unser Publikum mitbrächten, was dann für uns applaudiere. Nicht Ahne sei der wahre Gewinner, sondern Fritz Tietz. Ich konnte es nicht fassen. Wiglaf Droste, mein größtes Idol nach Lady Diana, hatte meinen Namen erwähnt, nicht gerade, wie ich es mir in meinen kühnsten Träumen vorstellte, aber immerhin. Ich ging zu ihm, kniete mich vor ihm nieder und küsste seine Füße, beziehungsweise die Schuhe, so warm war es ja noch nicht. Herr Droste musste daraufhin lachen und bot mir das Du an.

Auf der anschließenden Rückfahrt, frierend, im Trabant-Cabriolet, malten wir uns eine rosige Zukunft aus. Das Jahr 2000, alle fliegen in Raketentaxis umher und Falko Hennig gewinnt den Theodor-W.-Adorno-Ähnlichkeitswettbewerb in New York City. 2010, das Bedingungslose Grundeinkommen wird eingeführt und die *Reformbühne Heim & Welt* begrüßt eine zweite Frau in ihrer Mitte. 2020, es herrscht Weltfrieden, Flusswasser und Berliner Bier können wieder getrunken werden, Michael Stein wird mit dem Literaturnobelpreis ausgezeichnet.

Es kam dann alles ein klein wenig anders, aber zumindest ist Wiglaf Droste noch einige Male, bevor er 2019 starb, bei uns aufgetreten.

Nullerjahre

Frank Sorge

Wie waren die Nullerjahre? Man hat es fast schon vergessen, die Erinnerung versandet. Den Anfang weiß man vielleicht noch, 9/11 und das Ende der D-Mark, aber schon allein, dass der Kanzler Schröder hieß, kommt einem so unwirklich vor. Hartz IV wurde eingeführt, die Regelungen davor? Ich kenne sie nicht mehr. In den Nullerjahren habe ich noch studiert und am Rosenthaler Platz gewohnt, insofern habe ich eine Menge Aufzeichnungen über die Zeit. Sie anzuschauen, halte ich nie lange durch.

Geld habe ich mit verschiedenen Sachen verdient, mit Dachdecken, Messebau und Tennisplatz-Saisonarbeiten, ganz gelegentlich verkaufte ich noch Luftballons. Alles gute Jobs, aber halt Jobs, kein Beruf. Der Beruf des Schriftstellers war einfach zu setzen, qua Behauptung, aber noch fern von etwas, das Einnahmen brachte.

Kurz vor dem Jahr 2000 fürchtete man, dass die Computer der Welt die Datumsumschaltung zur Selbstentleibung nutzen würden, weil bei ihrer Entwicklung die Jahrhunderte im Systemdatum eingespart worden waren. Es passierte allerdings so ungefähr nichts. Wie ich gefeiert habe, weiß ich nicht mehr, entweder auf dem Dach der Brunnenstraße oder woanders in Berlin. Festhalten kann ich weiterhin, dass ich in den Nullerjahren nicht woanders gelebt habe als hier, was aber auch für die Neunziger und die Zehner gilt, sowie für die Achtziger und die wenigen Jahre, die ich von den Siebzigern schnuppern durfte. Wie es in Berlin in den Nullerjahren war, müsste ich also theoretisch wissen.

Die Dönerpreise waren gnadenlos niedrig. Die 2-Mark-Döner wurden durch die Währungsreform erst einmal zu 1-Euro-Dönern, am Rosenthaler Platz konkurrierten außerdem mehrere Läden. Ideale Bedingungen für Anwohner mit sehr wenig Geld, und im Nachhinein schäme ich mich, dass ich nie Getränke dazu nahm oder sie günstiger im Späti kaufte oder im Edeka, denn es ging höchstens um 50 Cent Unterschied. Ein Späti war ohnehin ein Novum, im weit entfernten Wedding gab es zu dieser Zeit keine und an der Seestraße auch zehn Jahre später noch nicht. Hier aber, am Nabel Berlins, dem coolen Rosenthaler Platz, wo man zudem billig wohnen konnte, konnte man auch schon in einen Späti, bis 22 oder 23 Uhr, damals wusste ich es genau, denn ich bin manchmal noch fünf Minuten vor Schließung schnell hin. Billiger noch war das Bier im Asia-Imbiss *Schmeckt & Billig*. Man musste nur, auch wegen der Scham, den Döner irgendwo verstecken, in der Jackentasche, und dann die Dosen für einen Euro aus dem Kühlschrank holen. Sie rochen nach Chinapfanne, aber so konnte man mit wenigen Euro am Tag existieren. Als der Späti noch billigeres Sternburg ins Programm nahm, nahm ich Pfennigfuchser das.

Im Jahr Null hatte ich mal im *Kaffee Burger* gesessen, als Zuschauer der *Reformbühne Heim & Welt*, die Freund Thilo Bock als Literaturgast eingeladen hatte. Daher kam ich vermutlich auch ohne Eintritt hinein. Genauere Erinnerungen an den Abend habe ich nicht mehr, aber die Form der Veranstaltung war cool. Vielleicht hatte ich mich gar dazu gestellt oder gesetzt danach, wegen Thilo, es ging jedenfalls schnell in den Nullerjahren, dass ich je nach Wochentag zu den Lesebühnen schlenderte, die in Laufnähe waren – zu den *Surfpoeten* in den *Mudd-Club*, zu *LSD* ins *Zosch* und eben zur *Reformbühne* – und mir jemand vertraut zunickte. Oft wurde ich so reingelassen, auch Freibiere bekam ich, was mir sehr half, am nächsten Tag noch einen Döner kaufen zu können.

Anfang der Nullerjahre gab es monatlich die *Marabühne* in Kreuzberg, und trotz eines furchtbar langen Debüt-Textes in drei Teilen durfte ich gleich dabei bleiben und fragte Jakob Hein, der zu Gast war, nach einem *Reformbühnen*-Auftritt. Er gab mir zur Vereinbarung Ahnes Telefonnummer. Damit erreichte man mit längeren Kabeln an der Wand verbundene Wählscheiben- oder Tastengeräte mit einer abnehmbaren Hör-Sprech-Muschel, und erstaunlicherweise wahrscheinlich auch Ahne. Den ich mich wohl nicht traute anzurufen und stattdessen bei nächster Gelegenheit im *Kaffee Burger* fragte, oder ein Jahr später, woraufhin er einen Taschenkalender zückte. Meine Erinnerung funktioniert mittlerweile am besten prosaisch.

Die *Marabühne* in der *Marabu-Bar* war berüchtigt dafür, dass die Spendensammlung ein Trauerspiel war. Einerseits war der Laden ein schmaler Schlauch mit wenigen Plätzen, außerdem waren viele davon bereits mit Stammgästen belegt, die nicht alle wegen der Veranstaltung da waren, zudem war er von vielen jungen Menschen besucht, die wie ich nur Staub in den Taschen hatten, noch dazu wurde die Sammlung durch viele Leute geteilt. Es blieben vielleicht zehn oder fünfzehn Euro pro Person übrig, auch wenn Bühnenfrontfrau Babbra immer zum Spendenaufruf betonte, wir würden einen Monat davon leben müssen. In Döner am Rosenthaler umgerechnet kam man damit aber schon recht weit.

Leider verlor ich die Hälfte dieses Verdienstes schon auf dem Rückweg beim Bäcker *Salut* am Schlesischen Tor. Immer zur Heimgehzeit wurde da das leckere türkische Backwerk für den nächsten Tag gemacht, und es schmeckte nirgendwo besser.

Ich glaube, meine Nullerjahre waren von großer Orientierungslosigkeit geprägt, obwohl es mir im Vollzug nicht so vorkam. Das Germanistikstudium war schal geworden und motivierte mich nicht, die Altersgrenzen zu höheren Studiengebühren drohten, und nach einem Tag auf der Baustelle war trotz eines Döners und zweier Bierdosen, die nach Asiapfanne rochen, keine Energie für Erlebnisse mehr übrig. Mein Schreiben könnte ich auf dem akademischen Weg fortführen, dem intellektuellen Pfad, den die schreibenden Mitstudierenden anvisierten, oder mich auf einer Lesebühne über Texte amüsieren, die mir nicht weniger literarisch erschienen. Da muss man sich eben entscheiden und kann nach so vielen Jahren nichts bereuen, das wäre auch den Nullerjahren gegenüber unfair.

Andenken an die *Jägerklause*

Falko Hennig

Seht Ihr meine komische Kopfform? Die auffällige Beule ist mein Andenken an den letzten Abend in der *Jägerklause*. Ich habe sie mir bei einem Kampf mit einem jungen Mann vor den Toiletten eingehandelt, aber der andere hat genauso eine Beule abbekommen. Wenn ich draufdrücke – also auf meine Beule, wo der junge Mann inzwischen ist, weiß ich nicht, und er würde es sich wahrscheinlich verbitten, dass ich auf seine Beule drücke –, also wenn ich auf meine Beule drücke, dann tut es immer noch weh.

»Na, dann drück halt nicht!«, würde meine Freundin sagen, wenn ich eine hätte. Aber ich habe keine und so kann ich drücken, so viel ich will. Es ist ja so viel schöner als Single. Wenn ich will, kann ich von morgens bis abends auf meine Beule drücken.

Die *Jägerklause*, genau drei Jahre waren wir mit der *Reformbühne Heim & Welt* dort, es waren glückliche Jahre. Trotz unseres biblischen Alters, wir sind ja fast die älteste Lesebühne der Menschheit, schafften wir es jeden Sonntag in die Kneipe, und zum Glück auch unsere Zuschauer.

Welcher war der schönste Abend? Das ist so wenig zu beantworten, wie die Frage nach der schönsten Frau der Welt oder dem schönsten Mann. Es waren viele Abende, an denen eigentlich alles stimmte: die Musik und die Freunde, die Zuschauer und die Kollegen, die zuschauten, obwohl sie selber gar nicht engagiert waren, die fiebrigen Vorbereitungen, die überspringenden Funken und Explosionen von Heiterkeit bei der Show und die heiteren Gespräche danach, der Biergarten, die Stammgäste, die Vergangenheit und die Zukunft.

Jetzt ist die *Jägerklause* mit ihren Geweihen, mit ihren Fahrrädern, Wildschweinfellen, mit ihrem Schrein für Lemmy von Motörhead, mit ihrer Tischtennisplatte und ihrer Gemütlichkeit nur noch Vergangenheit.

Die Zukunft für die *Reformbühne* beginnt in diesem Moment oder vielleicht morgen und sie ist ungewiss. Die Chance, dass zum Beispiel jemand von uns auf der Bühne stirbt, ist gar nicht so gering. Immerhin haben wir schon insgesamt knapp 4.000 Stunden auf der Bühne verbracht, pro Nase wohlgemerkt, das ist fast ein halbes Jahr. Und es braucht ja nicht mal ein halbes Jahr, um überraschend den Löffel abzugeben, manchmal geht das ganz fix. Zum Glück haben wir dank Dr. Jakob Hein immer einen Arzt auf der Bühne und dank Bäumchen immer einen Geistlichen im Publikum, der jederzeit die letzte Ölung erteilen kann.

Kennt Ihr die PECH-Regel? Bei bestimmten Verletzungen, zum Beispiel nach einem schweren Schlag auf den Kopf, kann man sich mit der PECH-Regel erinnern, was man sofort machen muss: Pause, Eis, Compression und noch irgendwas, dann wird es nicht so schlimm. Und das sollte man sich doch merken können nach einem schweren Schlag, dass der nicht Glück ist, sondern Pech. Aber ich habe in der *Jägerklause* weitergekämpft, sonst hätte sich der andere bestimmt nicht kurz nach mir auch eine Beule eingehandelt.

Mein Vater war ein witziger Mann, und er war immer verletzt, aber selten schwer. Mal trug er eine Augenklappe, mal ein Gipsbein, mal hatte er Hämatome im Gesicht. Das kam nicht nur vom Trinken, sondern auch vom Handball. Komischerweise denken immer alle, wenn ich über meinen Vater schreibe, dass ich eigentlich über mich selber berichte. Dabei spiele ich Fußball und nicht Handball. Ich bin auch kein Lehrer und nicht übergewichtig und, last but not least, bin ich auch nicht 2014 gestorben, sondern lebe noch.

Wenn mein Vater etwas suchte, zum Beispiel seinen Schlüssel vor dem Verlassen der Wohnung, dann sagte er: »Keiner verlässt die DDR!« Das war ziemlich lustig, denn die DDR konnte ja sowieso niemand verlassen. Margot Honecker war Bildungsministerin und deshalb nannte er sie »Miss Bildung«, so wie der einbeinige Wirtschaftsminister Günter Mittag natürlich »Miss Wirtschaft« war. Er sagte »Tel Aviv« wenn er »C'est la vie!« meinte, und als eine seiner Schülerinnen im Unterricht klagte, sie könne sich nicht konzentrieren, da sagte er: »Früher wärst du dafür ins Konzentrationslager gekommen!« Das war der eine Witz zu viel oder der zur falschen Zeit am falschen Ort. Er flog von der Schule und konnte sich bei der Arbeit am Fließband im Autowerk überlegen, was er seinen Schülerinnen erzählen würde, wenn er jemals wieder welche haben sollte. Viele, die ihn nicht näher kannten, fanden ihn zwar komisch, aber nicht im Sinne von lustig, sondern im Sinne von merkwürdig.

Und als ich neulich mit einer Freundin sprach, die ich Jahrzehnte nicht mehr gesehen hatte, sagte sie: »Ach, du hast noch immer diesen skurrilen Humor.« Das ist der Grund, warum ich in der *Reformbühne* auftrete und nicht im Olympiastadion.

Was nun war das für ein Kampf in der *Jägerklause*? Er war sehr lustig. Es war nach der grandiosen Abschiedsshow ungefähr um zwei, es war immer noch sehr voll, denn es war die

Nacht, von der alle wollten, dass sie niemals endet. Ich hatte schon öfter auf die Uhr geguckt, aber warum sollte ich, wenn es doch so nett war, nicht noch bleiben mit Doc Schoko und Konrad Endler und Mandana und Bäumchen. Und als der junge Mann an unseren Tisch kam und fragte, ob jemand mit ihm Tischtennis spielen wollte, da war ich dabei, denn ich spiele gern Tischtennis, und es konnte ja gut sein, dass die *Reformbühne* niemals wieder in einer Kneipe mit Tischtennisplatte auftreten würde.

Wir spielten vor den Toiletten, anstatt eines Netzes hatte die Platte ein Brett, und als ich nach dem heruntergefallenen Ball griff, knallte ich volle Kanne mit der Omme gegen das in Brusthöhe angebrachte Brett zum Abstellen der Biere. Wie soll man auch ahnen, dass man nach der möglichst schnellen Bewegung beim Tischtennis hier den Ball sehr langsam aufheben sollte?

Die PECH-Regel, ich habe sie nicht beachtet. Als Erstes hätte ich eine Pause machen müssen, dann die Stelle mit Eis kühlen, dann Compression, also drücken, ja und was war das H? Hochlegen!

Wie legt man den Kopf hoch? Auf die Theke der *Jägerklause*? Sofort in ein Hochbett mit Keilkissen legen?

Ich brüllte stattdessen, die Schmerzen waren völlig unmenschlich, und es muss sehr lustig ausgesehen haben, denn mein Gegner konnte sich ein Lachen nicht verkneifen. Das ist der älteste Humor der Menschheit: Jemand knallt volle Kanne mit dem Kopf gegen etwas, und das sieht sehr lustig aus.

Immerhin haben wir gewisse Instinkte, und laut »Scheiße!« brüllend und »Mann, tut das weh!«, presste ich meine Hand gegen die Beule. Ungefähr fünf Ballwechsel lang bekam ich vor Schmerzen gar nichts mit. Aber ich gewann das Spiel, und wir wechselten die Seiten.

Und dann passierte es: Der andere griff nach dem heruntergefallenen Ball und knallte genau an derselben Stelle mit dem Kopf gegen das Brett wie ich einige Minuten vorher und schrie »Scheiße!« und »Mann, tut das weh!« und presste seine Hand gegen die Stelle an seiner Stirn. Das war so lustig, ich musste lachen und gewann auch die zweite Partie.

Wenn wir uns diesen Humor bewahren, dann wird die *Reformbühne Heim & Welt* weiter von Erfolg zu Erfolg eilen, bis zum letzten, endgültigen Schlag auf den Kopf.

Endlich Staatstheater

Heiko Werning

Bevor die *Volksbühne* am Rosa-Luxemburg-Platz von ihren zwei großen Jahrhundertkastrophen getroffen und aus der Bahn geworfen wurde – nämlich die Corona-Pandemie und Chris Dercon –, wurde jede verkaufte Karte dort mit rund 150 Euro vom Land Berlin subventioniert. Gut angelegtes Geld, denn es dient dazu, echte, wahre und gute Kunst zu ermöglichen. Uns zum Beispiel. Und so zog die *Reformbühne Heim & Welt* im Januar 2019 in den *Roten Salon* der *Volksbühne* ein.

Bevor es soweit war, galt es allerdings, einige Probleme zu bewältigen. Lesebühnenkünstler leben ja bekanntlich von Luft und Liebe. Liebe, vor allem Liebe natürlich. Eine wichtige Voraussetzung aller Arten von Liebe ist allerdings, machen wir uns nichts vor, Bier. Deswegen benötigen Lesebühnenkünstler immer auch Bier. Wir sind keine Dogmatiker, Schnaps tut's auch. Oder – doch, man wird ja auch älter – alkoholfreies Bier. Oder Bio-Zisch Rhabarber. Alles eben, was zu einem Abend in gemütlicher Atmosphäre beiträgt, denn genau das ist Lesebühne: Das Publikum soll sich wohlfühlen und trinken, und die Künstler sollen es ihm gleich-, wenn nicht sogar vortun. Das unterscheidet Lesebühne vom immer leicht anämischen Literaturbetrieb, bei dem unnahbare, hochsensible Schriftstellerwesen verschreckt hinter einem Tischchen sitzen und nur hin und wieder mal an einem Glas Wasser nippen, um ihre zarten, vom Gebrauch all der gewichtigen Worte rau gewordenen Goldkehlchen zu benetzen. Anders gesagt: Das Kneipen- oder Salon-Ambiente gehört bei der Lesebühne zum künstlerischen Konzept, und auch wenn der Gestus der Lesebühnen häufig der ist, jedes künstlerische Konzept zu negieren, ist genau das natürlich auch eines. Auf die Kurzformel gebracht: Wir trinken alles außer Wasser.

»Es gibt aber nur Wasser«, sagte die freundliche Frau von der *Volksbühne* auf unsere Frage nach den obligatorischen Freigetränken. Wir starrten sie fassungslos an. 150 Euro Subvention pro verkaufter Karte, und das reicht nicht mal aus, um eine für das künstlerische Konzept unabdingbare Kiste Bier für die Auftretenden auf die Bühne zu stellen? Wie kann das sein? Es liege nicht am Geld, versicherte die freundliche Frau von der *Volksbühne*, und natürlich erst recht nicht an irgendwelchen puritanischen Erwägungen, dass kein Alkohol getrunken werden dürfe, nein, nein, das sei schließlich die freie und für ihre Unangepasstheit bekannte *Volksbühne*, der letzte Freiraum im Mainstream-Kulturevent-Brei der Stadt, hier sei alles möglich und erlaubt – außer eben leider Bier. Das ginge gar nicht. Da habe es mal Beschlüsse gegeben. Und Beschlüsse seien sehr wichtig. Da müsse man sich auch mal dran halten, denn wie wolle man wilde, unangepasste, freie Kunst machen, wenn man sich nicht an Beschlüsse halte? Wir schauten sie noch fassungsloser an. »Na gut«, seufzte die freundliche Frau von der *Volksbühne*, »in erster Linie scheitert es daran, dass es für Bier keine Abrechnungsnummer gibt.« Und ohne Abrechnungsnummer, das müssten wir verstehen, gehe nun einmal gar nichts. Das hier sei schließlich richtige, offizielle, große Kultur, nicht irgendeine dieser Hinterhofklitschen, in denen wir bislang aufgetreten sind, da müssten wir jetzt auch mal ein bisschen erwachsen werden. Jedenfalls sei ja wohl ganz klar: Wenn es keine Abrechnungsnummer für Bier gibt, dann kann es auch kein Bier geben. Nicht einmal Bio-Zisch Rhabarber, denn dafür gibt es erst recht keine Abrechnungsnummer. Es tue ihr sehr leid. Es stünde uns aber selbstredend frei, an der Bar des *Roten Salons*, die von etwas betrieben wird, das stets »Caterer« genannt wurde, einfach selbst Bier zu kaufen und das dann auf der Bühne zu trinken. Trotz anderslautender Beschlüsse könne man da durchaus mal ein Auge zudrücken.

Wo allerdings wir kein Auge zudrücken können: bei den Getränkepreisen des Caterers. Denn wir sind eine politische Lesebühne, und speziell Ahnes politische Grundüberzeugung lautet: Bier muss billig sein. Das war es beim Caterer aber keineswegs. Nun könnte man sagen: Meine Güte, bei 150 Euro Zuschuss pro verkaufter Karte könntet ihr doch mal 4,50 Euro für ein kleines Bier bezahlen. Aber man sollte zu dieser Kultursubvention vielleicht noch ein interessantes Detail erwähnen: Die Künstler bekommen davon nichts ab. Im Gegenteil: Sie bekommen nicht nur nichts von den 150 bezuschussten Euro pro verkaufter Karte, sie müssen auch noch rund 30 Prozent von jeder verkauften Karte an die *Volksbühne* abgeben. Weshalb die Bierpreisfrage geradezu existenziell verhandelt wurde und in dem Kompromiss gipfelte, dass wir eine Kiste Bier pro Abend vom Caterer zum Einkaufspreis bekommen. Damit haben wir uns zähneknirschend abgefunden. Was tut man nicht alles für die große Kunst?

Denn, wie sich herausstellte, an der *Volksbühne* war die *Reformbühne* ein großangelegtes Kunstprojekt. Da war zunächst einmal die Dramaturgin. Die Dramaturgin war für die künstlerischen Absprachen mit uns Künstlern zuständig und betreute uns auch am Abend künstlerisch. Der unwesentliche

Umstand, dass wir überhaupt keiner künstlerischen Betreuung bedürfen – oder zumindest diese nicht in Anspruch nehmen –, spielte keine Rolle. Die Dramaturgin oder der Dramaturg war Abend für Abend mit dabei, und zwar von zwei Stunden vor Beginn bis zu dem Moment, in dem der letzte Künstler endlich den *Roten Salon* geräumt hatte. Da wir uns hartnäckig jeder künstlerischen Betreuung verweigerten, bestand die Aufgabe der Dramaturgin darin, auf einem Stuhl zu sitzen und sich zu langweilen. Weil die für uns zuständigen Dramaturgen aber durch die Bank besonders freundliche Personen waren, bekamen wir bald ein schlechtes Gewissen, sie einfach so da rumsitzen zu lassen, sodass wir nun also als zusätzliche Aufgabe von uns im Schichtdienst ihre Unterhaltung organisierten. Einer von uns musste zukünftig immer schon um 18 Uhr im *Roten Salon* sein und der Dramaturgin Gesellschaft leisten, was unseren Aufwand erheblich erhöhte. Für den wir ja aber immerhin auch kein Geld bekamen.

Neben der Dramaturgin gab es aber noch viele weitere Personen mit wichtigen Aufgaben. Den Ton-Mann. Und den Beleuchter. Beide arbeiteten zwar nicht nur für uns, sondern auch für die Vorstellung im Großen Saal, aber beide waren persönlich unverzichtbar und leider nicht befugt, in den Wirkungsbereich des Kollegen einzugreifen. Und wir waren das natürlich erst recht nicht. Wenn also ein Scheinwerfer etwas heller gestellt werden musste und nur der Ton-Mann da war, zuckte der mit den Schultern und sagte, er könne da leider nichts machen, dafür sei nun mal der Beleuchter zuständig. Und wenn wir nach dem Soundcheck feststellten, dass doch ein Mikro noch zu leise eingestellt war, dann war der hinter dem Mischpult stehende Beleuchter leider nicht berechtigt, den Lautstärkeregler etwas hochzuziehen, denn dafür ist ja der Ton-Mann da. Als Ahne mal irgendwann einfach selbst den Lautstärkeregler hochdrehte, weil es eben zu leise und der Ton-Mann nicht anwesend war, wurden wir wochenlang sehr böse angeguckt von allen Beteiligten. Ein Frevel! Ein Unwürdiger hatte den Lautstärkeregler geschändet!

Neben Dramaturgin, Ton- und Licht-Mann gab es noch die Leute, die die Stühle aufgebaut haben, sowohl im Salon als auch auf der Bühne. Weshalb Wochen vor jeder Veranstaltung ein Bühnenplan an die *Volksbühne* geschickt werden musste, eine Aufgabe, die mir zufiel. In diesem Bühnenplan musste stets vermerkt sein, wie viele Stühle wir auf der Bühne brauchten. Mein zaghafter Hinweis, dass das im Prinzip immer gleich viele Stühle seien, weil wir ja eigentlich meistens gleich viele sind, und dass wir bei Bedarf einfach überflüssige Stühle, wenn mal jemand fehlt, wegstellen oder zusätzliche, wenn mal ein Musikerduo zu Gast ist, hinzustellen können, wurde mit fassungslosem Entsetzen quittiert. Das geht natürlich auf keinen Fall, weil das ja das Bühnenbild stört, das natürlich an der realen Zahl der Stühle für jeden Abend genau ausgerichtet wird und das völlig aus den Fugen gerät, wenn plötzlich kurz vor Showbeginn, also zwei Stunden vorher, noch ein Stuhl hinzukommt oder wegfällt. Wir haben zwar nie verstanden, was mit »Bühnenbild« eigentlich gemeint war, aber ich schrieb fortan Monat für Monat einen Plan, auf dem für jeden Abend notiert war: sieben Stühle, zwei Tische und zwei Standmikros. Wenn ich schon wusste, dass es an einem Abend mal mehr oder weniger Mitwirkende waren, variierte ich die Zahl der Stühle mal auf fünf, mal auf acht. Ich war sehr gewissenhaft bei der Erstellung dieser Pläne, denn wenn sie nicht pünktlich zu Beginn des Vormonats bei der Dramaturgin der *Volksbühne* eingereicht waren, rief sie mich sogleich an, um sie einzufordern. Allerdings rief sie auch stets an, wenn ich den Plan geschickt hatte, um mir mitzuteilen, dass sie ihn erhalten habe und dafür Sorge tragen werde, dass alle Stühle wunschgemäß ihren Weg auf die Bühne finden würden.

Außerdem wurden wir vom Presse-Team der *Volksbühne* betreut. Weshalb neben dem Bühnenausstattungsplan auch stets eine ausführliche Gästebeschreibung inklusive Gästefotos zwingend erforderlich waren, weil sonst die Dramaturgin mich anrief und ihr Fehlen beklagte. Die rief natürlich auch an, wenn ich die Gäste-Infos geschickt hatte, um mir mitzuteilen, dass sie sie bekommen habe und an das Presse-Team weiterleite. Eine direkte Zuleitung an das Presse-Team war in den Abläufen allerdings nicht vorgesehen, weil die Gästepläne auch für viele andere geheimnisvolle Stellen im Haus von größter Wichtigkeit waren, und nur die Dramaturgin wusste, wer diese Informationen wann und in welcher Gewichtung erhalten muss und wer in der Lage war, sie entsprechend zuzuleiten. Diesbezüglich läuft die *Volksbühne* wie ein gut geöltes Uhrwerk. Ein Uhrwerk ohne Zeiger und Zifferblatt allerdings, denn all diese Informationen haben nie zu praktischen Folgen geführt, also einem Hinweis in der Presse beispielsweise. Nein, stimmt nicht ganz: Im Programm der *Volksbühne* wurden unsere Gäste stets erwähnt. Zwar ohne die Pressetexte, die ich stets mitliefern musste, und ohne die Fotos, die dafür aber auch nicht auf der Website der *Volksbühne* Verwendung fanden. Über ein Jahr lang habe ich Monat für Monat von allen Gästen Pressefotos angefordert und zur *Volksbühne* geschickt, ohne dass ein einziges davon je veröffentlicht worden wäre. Und dennoch: Wehe, ich hatte die Bilder am vereinbarten Tag nicht abgeschickt – prompt klingelte das Telefon, und die Dramaturgin ermahnte mich liebevoll an unsere heiligen Pflichten. Organisatorisch, das muss man der *Volksbühne* lassen, läuft da wirklich alles tiptop.

Natürlich musste auch eine Abendkasse vor dem *Roten Salon* besetzt werden, und selbstverständlich durfte Mandana, die immerhin schon seit Jahren unsere Kasse machte und außerdem unseren Bücherstand direkt daneben betreute, nicht einfach auch den Eintritt kassieren. Nicht einmal an ihrem Geburtstag. Deswegen brauchte es eine Kassiererin der *Volksbühne* an der Abendkasse. Von besonderer Faszination für uns aber war die Frau neben der Frau an der Abendkasse. Die musste auch immer da sein. Ihre genaue Funktion erschloss sich uns nicht. Karten durfte sie nicht verkaufen. Es kam das eine oder andere Mal vor, dass die Frau an der Kasse noch nicht da war, sehr wohl aber schon die Frau neben der Frau an der Kasse und erste Zuschauer eintrafen, aber da war nichts zu machen, da mussten alle warten, bis die Frau an der Kasse kam. Wir vermuteten die Funktion der Frau neben der Frau an der Kasse darin, dass sie die Karten, die direkt neben ihr erstanden wurden, für den Einlass prüfte. Es blieb sehr geheimnisvoll. Wir haben uns nie getraut, mal nachzufragen. Eine profane Erklärung hätte das Schauspiel nur unnötig geschmälert.

Um zum Bier zurückzukommen: Am ersten Abend im Januar 2019 holten wir unsere Kiste Bier beim Caterer vorne an der Bar ab, trugen sie zur Bühne und bezahlten sie hinterher zum Einkaufspreis. Dieser Einkaufspreis betrug 40 Euro. Da hätten wir vielleicht vorher mal nachfragen sollen, wo der Caterer sein Bier einkauft.

Die Dramaturgin war ebenfalls untröstlich, und so einigten wir uns darauf, dass wir zukünftig unsere Getränke einfach selbst mitbrachten. Es schleppte nun also jeder Vorleser seine eigenen Bierflaschen und Sixpacks mit in die *Volksbühne*, und wir mussten vorher unsere Gäste anfragen, was sie zu trinken gedachten, damit wir alles vorher einkaufen konnten. Ein Vorgehen, dass bei manchen Gästen eine gewisse Verwunderung auslöste. Tatsächlich mussten wir feststellen, dass gar nicht jeder Künstler nur wenige Tage vor der Veranstaltung schon genau weiß, wieviel und was er am Abend der Vorstellung zu trinken gedenkt. Verrückt! Ganz offensichtlich, so merkten wir bei dieser Gelegenheit, hatten wir bislang einfach nicht mit Profis zusammengearbeitet. Ganz anders als nun, in der *Volksbühne*.

Die bunten Ansammlungen an Flaschen und Pappverpackungen aber, die daraufhin auf der Bühne aus unseren Rucksäcken geholt wurden, verstand die Dramaturgin bald schon als Störung der von ihr verantworteten Dramaturgie. Der Caterer aber zeigte sich halsstarrig und berief sich auf Lieferverträge mit der *Volksbühne*, die ihm seinen Einkaufspreis garantierten. Es war am Ende der Intendant Klaus Dörr persönlich, der den gordischen Knoten durchschlug, indem er als Kompromissvorschlag durchsetzte, dass wir fortan eine halbe Kiste vom Caterer zum Einkaufspreis für also 20 Euro kauften und er die andere Hälfte trotz fehlender Abrechnungsnummer aus irgendeinem geheimen Fonds finanzierte. Möglicherweise war dieser geheime Fonds sogar sein eigenes Portmonee. Der Intendant ist später ja noch vielfach gescholten worden, aber in der Bierkrise der *Reformbühne* ist er fraglos zu Höchstform aufgelaufen – ein Mann der Tat. Und des Biers.

Im März 2020 fand unser 15monatiges Gastspiel in der *Volksbühne* mitten in unseren Feierlichkeiten zum 25jährigen Bestehen der *Reformbühne Heim & Welt* schließlich ein jähes

Ende durch ein kleines Virus. Die *Volksbühne* schloss ihre Pforten mit dem ersten Lockdown und öffnete sie fortan lange Zeit nicht mehr. Zwar endete der Lockdown im Juni 2020, da standen aber halt erst mal die Theaterferien an, was will man machen. Nach der ja auch psychisch recht anstrengenden Lockdown-Zeit mussten die *Volksbühnen*-Mitarbeiter sich erst einmal erholen. Als es dann im September 2020 hätte weitergehen können, galten allerdings verschiedene Auflagen wie Maskenpflicht und Abstandsregeln, die, wie der Intendant verlautbaren ließ, sich nicht mit seiner Vorstellung von Theater deckten und die man zudem im *Roten Salon* auch gar nicht umsetzen könne, weshalb der Große Saal der *Volksbühne* weitgehend und der *Rote Salon* auch weiterhin ganz geschlossen blieben und weshalb die dort auftretenden externen Künstler, also wir zum Beispiel, uns einen anderen Raum in der Stadt suchen mussten, der zwar erheblich kleiner und damit potenziell infektionsrisikobehafteter war als die große, staatlich subventionierte *Volksbühne*, in dem dafür aber die Rollen von Dramaturgin, Ton- und Lichtmann, Stühleaufsteller, Presse-Team und Caterer von einer einzigen Person übernommen werden. Und wie sollen wir sagen? Seither funktioniert sogar alles! Ein Hoch also auf die *Baiz* und ihren, äh, Intendanten Matthias! Hier wollen wir alt werden.

Meine E-Mail, mit der ich Konstantin Wecker von der *Reformbühne Heim & Welt* überzeugen konnte

Mandana Katebian

Für die ehemaligen Reformbühnen-Mitglieder
Jakob Hein, Roman Israel und Jürgen Witte

Datum: Tue, 21 January 2020 15:13:47 +0200

Sehr geehrte Eure Majestät,

ich habe Sie gestern in der Kantine der *Volksbühne* in Berlin kurz angesprochen. Wahrscheinlich erinnern Sie sich gar nicht mehr an mich, ich selbst erinnere mich ja auch kaum noch an mich. Ich bin jedenfalls siebtes Mitglied eines antikapitalistischen Lesebühnenduos, welches aus einer sechsköpfigen Besetzung besteht. Der furzlangweilige Name dieser Lesebühne ist *Reformbühne Heim & Welt*. Aber trotz des behämmerten Namens gehört die *Reformbühne* zu den schniekesten Lesebühnen Berlins und so, die seit mittlerweile 25 Jahren jeden, aber auch wirklichen jeden beschissenen Sonntag stattfindet und sich wöchentlich je einen Lese- und einen Musikgast einlädt. Und da kommen Sie ins Spiel. Es werden lustige, satirische, politische und manchmal auch pupslangweilige Texte gelesen. Ich werde Ihnen einmal kurz etwas über die einzelnen Mitglieder sagen, damit Sie sich zumindest in etwa ein Bild davon machen können, mit was für einem Haufen Sie es überhaupt zu tun haben.

Da wäre zunächst einmal Heiko Werning, den sie wohl auch persönlich kennen und der eine ziemlich verstörende Beziehung zu Kaulquappen hegt. Aber gut verstörend. Neben seiner Bühnentätigkeit ist er nämlich Amöbenforscher und befasst sich deshalb eingehend mit Spinnen. Was Falko Hennig am meisten auszeichnet, ist wohl ein markantes Äußeres. Er sieht aus wie ein Pfeifenreiniger mit Augen. Oder 'ne Wiener Wurst mit Ohren. Das Interessanteste an Dr. Jakob Hein ist sein berühmter Vater. Isaak Hein. Ich glaub, der hat irgendwann mal die Schuhsohle erfunden oder so was. Ahne ist der mit Abstand ehrgeizigste und erfolgreichste Klugscheißer der Welt. Roman Israel ist obdachlos. Und auf Wanderschaft. Ich glaub, auf der Suche nach dem Ort, an dem Milch und Honig fließen, um der Tradition seines Volkes treu zu bleiben. Und Jürgen Witte wohnt in Steglitz. Ich heiße Mandana, bin Quotentussi am Bücherstand und ich werde immer älter, fetter und hässlicher. Mittlerweile muss ich sogar schon Speckzusammenhalteschlüpfer tragen. Das sind so Schlüpfer, die den Speck zusammenhalten.

Die Kerle wissen nichts von dieser heimlichen E-Mail an Sie, aber Sie haben eben auch nicht den Arsch in der Hose, um Sie selbst zu fragen. In diesem Haus muss man alles für die übernehmen. Arschlöcher. Trotzdem hält jeder von ihnen, und natürlich auch ich, Sie für ein ausgekochtes Genie, und darum möchte ich Sie herzlich dazu zwingen, wann immer es Ihnen möglich ist, einmal Musikgast bei der *Reformbühne Heim & Welt* zu sein. Finanziell lohnt es sich selbstverständlich für Sie, denn jeder Gast erhält bei uns eine garantierte Festgage von 25 Euro. Können Sie sich was Schönes von kaufen. Ein Ei. Oder eine Zwiebel.

Ich hoffe, dass ich Sie ein bisschen neugierig auf die *Reformbühne Heim & Welt* machen konnte und erwarte Ihre Rückmeldung innerhalb der nächsten halben Stunde. Sollten Sie diese Frist nicht einhalten, wird das leider nichts mit uns. Dann laden wir eben Helge Schneider ein.

Tausend Umarmungen und Küsse, Ihr Fan,
Mandana Katebian

Damals

Susanne M. Riedel

Dieser Text ist im Dezember 2021 entstanden, während der Corona-Zeit. Auftritte waren nicht möglich, wir streamten Woche um Woche aus Heikos Arbeitswohnung in die gesichtslose Welt und waren langsam etwas mürbe.

Heiko ist Reptilienforscher. Zwischen Terrarien mit Fauchschaben und Schlangen bohrten wir uns mit Teststäbchen in der Nase, Echsen guckten fragend, und manches Mal waren wir versucht, an den Kröten zu lecken, wovon der Gastgeber uns erfolgreich abhielt.

Was mir half, war der gelegentliche Ausflug in die Fantasie. In die Zukunft, zum Beispiel, in der das Heute irgendwann ein Damals gewesen sein würde ...

19. Dezember 2030. Donnerstag. Heute treffen wir uns mal außer der Reihe. Das 35jährige Bestehen der *Reformbühne* haben wir ja schon im Frühjahr mit einer großen Sause im Saal der *Volksbühne* gefeiert, heute nun wollen wir nochmal im kleinen Kreis auf das Jubiläum des Teams anstoßen. 2020 war es, dass Spider, ich und schließlich auch Frank zum Stammteam dazu stießen, also auch schon wieder unglaubliche zehn Jahre.

»Prost, Freunde!«, sagt Ahne, und wir stoßen feierlich an.

»Meine Güte«, seufze ich, »zehn Jahre. Ein bisschen sentimental bin ich schon.«

»Wann bist du nich sentimental, Sanne?«, fragt Spider und knufft mich in die Seite.

»Da haste 'nen Punkt ... Aber mal ehrlich, wisst ihr noch, damals? 2020/2021, das war schon 'ne krasse Zeit mit Corona ...«

»Stimmt«, sagt Heiko. »Ich habe gerade dran gedacht, als wir neulich den Keller ausgeräumt haben. Da hab ich Filtrud gefunden, wisst ihr noch?«

»Filtrud!«, ruft Ahne gerührt. »Unsere alte Virenfilteranlage aus dem Echsenstudio!«

»Stimmt!«, erinnert sich Frank. »Filtrud, die haben wir bei der Vorstellungsrunde im Stream immer mit angesagt.«

Das hatte ich völlig vergessen. Aus einer lang nicht genutzten Region meines Gedächtnisses wirbeln weitere Erinnerungsflusen auf.

»War Fil nicht überhaupt der Namenspatron?«

Dass Fil einmal im Echsenstudio mit dabei war, wissen wir noch, aber wir kriegen's nicht mehr so ganz zusammen. Aber Fil könnten wir überhaupt auch mal wieder einladen. Unsere Kaulquappen fallen uns ein, Kaulquappen der Mallorquinischen Geburtshelferköte, deren aktuellen Entwicklungsstand wir dem Publikum im Abspann jedes Streams zeigten.

»Wisst ihr noch«, fragt Falko »wie wir nach dem Echsenstudio noch eine geraucht haben, bei Heiko im Hof? Da haben wir diesen Waschbären getroffen, mitten im Wedding.«

»Stimmt«, sage ich. »Ihr habt von draußen gerufen: ›Da sitzt ein Waschbär auf der Mauer‹, und ich dachte, die haben doch wieder zu viel geraucht.«

»Und dem haben die Nachbarn dann noch einen Namen gegeben, wie war das noch?«

»Lenor, er hieß Lenor. Wegen Waschbär.«

So perlen die Erinnerungen mit Bier und Sekt um die Wette.

»Ach ja, Corona. Irgendwie war es doch auch eine schöne Zeit, oder?«, seufzt es.

»Schöne Zeit?« Frank schnaubt. »Kameras, Mikros, Streaming auf YouTube, Facebook, Tiktok, und nebenbei immer noch Texte schreiben. Ich wusste zeitweise echt nicht mehr, wo mir der Kopf steht.«

»Und ich konnte immer nur die Hälfte meiner Texte vorlesen, weil ich beim Streamen nie wusste, wer von meiner Verwandtschaft zuschaut«, erinnert sich Heiko.

»Wir wussten eh nicht, ob wir die Leute da draußen wirklich erreichen. Wisst ihr noch, wie Spider immer *Munsch* gesagt hat zu Mundschutz? Und im nächsten Jahr ist es zum Wort des Jahres gewählt worden?«, frage ich.

»Und zum Thema ›Es war nicht allea schlecht‹ – diese ganzen Zoom-Konferenzen zum Beispiel, die hatten schon auch ihren Reiz. Zum Elternabend musstest du nicht mehr raus, und wenn du die Kamera ausgemacht hast, konntest du dich dabei sogar betrinken. Und bei der Elternsprecherwahl 'ne WLAN-Störung simulieren.«

Auch hatte ich es damals als sehr entlastend empfunden, dass ich mit meinem schlechten Personengedächtnis so fein raus war: Immer wenn ich jemanden nicht erkannte, konnte ich es auf die Maske schieben.

Und so fällt nach und nach einem jeden von uns noch etwas ein. Einen Moment lang hängen wir versonnen und schweigend unseren Gedanken nach.

»Du hattest noch lange Haare«, sagt Spider dann und grinst auf meine grauen Stoppeln.

»Du hattest noch Haare«, sag ich, und er grinst ein bisschen weniger.

»Ich hatte noch ein Leben«, sagt Ahne.

»Aber keinen Gott«, antworten wir im Chor. Dann gehen
wir unserer Wege.

»Bis Sonntag!«

»Ja, bis Sonntag. Ach so, sagt ma – hat da nich Mandana
Geburtstag?«

Fragmente

Heiko Werning

Neulich war ich bei einem alten Freund zum Geburtstag eingeladen. Es war sehr schön, viele Leute kannte ich, man trifft sich mal hier zur Feier und mal da zu einem Konzert. Aber es war auch ein Paar dabei, das ich noch nie gesehen hatte. Es waren ältere Leute. Wahrscheinlich Nachbarn, dachte ich. »Das sind Jörg und Ingrid«, stellte der Kumpel sie mir vor, »Jörg hat mit uns in Münster damals Abi gemacht, also an der Nachbarschule. Wir haben uns zufällig hier in Steglitz neulich getroffen, er wohnt auch schon zwanzig Jahre hier.« Ich war wie vom Donner gerührt. Wenn Jörg mit uns Abi gemacht hatte, dann musste das bedeuten, dass Jörg so alt ist wie ich. Dieser alte Mann! Wie konnte das sein?

Es ist ein seltsames Phänomen, dass einem das Altern bei Menschen, die man ständig sieht, kaum auffällt. Am wenigsten bei einem selbst im Spiegel. Sind Ahne und Falko Hennig nicht noch immer die kraftstrotzenden Hinterhof-Hulks, als die ich sie vor über 25 Jahren kennengelernt hatte? Ist Manfred Maurenbrecher nicht nach wie vor der naturgewaltige Pianist, der die Kakerlaken panisch aus dem Gehölz jedes Klaviers flüchten lässt, wenn er in die Tasten haut? Ist Spider nicht nach wie vor unsere Konkurrenz für jede Barbie, weil er ihr die Kens wegschnappt? Ist Susanne M. Riedel nicht immer noch die junge Frau, die man fragen möchte, was sie denn aus ihrem M. machen möchte, wenn sie mal groß ist? Und hofft man bei Frank Sorge nicht immer noch, dass es keine Razzia in der *Baiz* gibt, bei der die Personalien der Anwesenden festgestellt werden, denn schließlich ist hier Zutritt ja erst ab 18? So dachte ich, bis ich angesichts der nahenden Feierlichkeiten zum 30-jährigen Jubiläum der *Reformbühne* alte Fotos durchgeschaut habe. Es ist nicht zu leugnen: Man könnte womöglich gewisse Unterschiede zwischen damals und heute festmachen. Frank sieht auf einem alten Foto jedenfalls erschreckenderweise genauso aus wie die Kumpels von meinen Söhnen heute. Wie ist das möglich? »Sie waren die junge, aufstrebende Hoffnung der deutschen Literatur – bis zu dem Vorfall. Sehen Sie die Bilder vorher und nachher!« Der Vorfall, er ist das Leben.

Aber die körperlichen Veränderungen sind nicht das einzige irritierende Phänomen des Älterwerdens, auch die Erinnerung ist ein wildes Tier, das unberechenbare Haken schlägt oder plötzlich zum Angriff übergeht.

Neulich haben wir über irgendeinen Auftritt von vor ein paar Jahren gesprochen, bei dem wir irgendwo auswärts waren. Ich hatte davon noch nie gehört. Das Problem ist: Die anderen schworen steif und fest, ich sei dabei gewesen und habe eine tragende Rolle bei den Geschehnissen gespielt, über die sie sich amüsierten. Doch da ist bloß Leere in meinem Kopf. Wie kann das sein? Spurlos verschwunden. Als wäre ich nie da gewesen.

Auf der anderen Seite erinnere ich mich mitunter ganz genau an einzelne Sätze oder Fragmente, die schon Jahrzehnte her sind. Das Problem dabei ist, dass objektiv betrachtet in der Regel nichts an diesen Sätzen bemerkenswert wäre. Und auch für mich ist es völlig rätselhaft, warum ich genau diese Sätze oder Szenen noch so genau vor Augen habe, während offenkundig viel wichtigere Sachverhalte wie gelöscht sind.

Ich hatte mal eine Affäre mit einer Frau, an die ich mich heute, mehr als 30 Jahre später, praktisch nicht mehr erinnere und die ich garantiert nicht wieder erkennen würde, träfe ich sie heute noch einmal. Ich würde nicht mal die Wohnung wiederfinden, die mal für einige Wochen der wichtigste und aufregendste Schauplatz meines Lebens war. Ich kann mich an das Bett nicht erinnern, in dem wir so viel Zeit verbracht hatten, und ehrlicherweise auch nicht mehr wirklich, was wir darin so alles angestellt haben. Ich weiß es einfach nicht mehr. Woran ich mich irritierenderweise aber genau erinnere, ist dieses eine Detail: Sie hatte in einem Käfig eine Gruppe Zebrafinken, die immer mal Eier legten, und daraus hat sie dann am Morgen zum Frühstück Spiegeleier für uns gemacht. Ich weiß nicht mal mehr, wann, wie und warum wir uns getrennt haben. War halt vorbei irgendwann. Ich meine, wir werden uns ja sicher irgendwas dazu gesagt haben. Es muss ein letztes Treffen gegeben haben. Ich weiß es nicht mehr. Nur die Bonsai-Spiegeleier auf dem viel zu großen, weißen Teller zum Frühstück sind in mein Gedächtnis gebrannt geblieben von dieser wilden Liebschaft. Irgendwie deprimierend.

»Ich bin halt ein Auslaufmodell«, kichert eine andere ehemalige Geliebte in meinem Kopf, als sie sich nach dem Sex ein Handtuch zwischen die Beine presst, damit das Bettlaken nicht vollkleckert. Kein besonders bahnbrechender Satz, würde ich objektiv sagen. Weder besonders lustig, noch irgendwie bedeutsam, einfach nur eine alberne Bagatelle. Und dennoch bin ich verflucht, mich immer und immer wieder an ihn zu erinnern. Warum bloß? Ein Fest für Psychotherapeuten, vermute ich. Die hätten aber ganz schön was zu tun, wenn ich zudem an die anderen Sätze und Szenen in meinem Gedächtnis denke, die einsam in einem Ozean aus grauem Brei erloschener Erinnerungen herausragen.

Beunruhigend finde ich aber auch, wie sich Erinnerung selbst manipuliert. Wenn ich heute über die 20 der 30 Jahre Reformbühne nachdenke, die ich nun schon dabei bin, und versuche, mich an irgendwie lustige oder interessante oder aufregende Begebenheiten zu erinnern, um einen schönen Text für das anstehende Jubiläum am 20. Juni in der Freiluftbühne der *Ufa-Fabrik* zu schreiben, dann fallen mir zunächst überwiegend Sachen ein, die ich mal in Geschichten aufgeschrieben habe. Die Geschichtenschreibung wird irgendwann zu Geschichte. Am Ende erinnert man sich nur noch an die Texte darüber, nicht mehr an die zugrundeliegenden Ereignisse. Das führt so weit, dass ich mir manchmal nicht mehr sicher bin, was überhaupt wirklich so war, was ich ausgeschmückt habe und was womöglich frei erfunden ist. Das ist natürlich die Crux, wenn man so dicht am tatsächlich Erlebten schreibt wie ich. Ich nehme an, John-Sinclair-Autoren haben dieses Problem nicht. Aber ich würde mich eigentlich gerne an die Begebenheiten aus meinen 20 Jahren Reformbühne erinnern, und nicht nur an die Texte, die ich darüber geschrieben habe.

Eines dieser solitären Fragmente, die sich mir unauslöschlich ins Gedächtnis gebrannt haben, war der einmalige Besuch des *Reformbühnen*-Kollegen Michael Stein bei meiner anderen Lesebühne, den *Brauseboys*. Die *Brauseboys* hatten den »Fossilien-Monat« ausgerufen, in dem wir Urgesteine der Lesebühnenszene eingeladen hatten, unter anderem eben den zu diesem Zeitpunkt schon eher berüchtigten Stein, denn er las schon lange keine Texte mehr vor, sondern machte meist irgendwas auf der Bühne. Auf der Setlist der *Reform-bühne* schrieben wir, wie es noch heute Brauch ist, immer den Namen des Auftretenden und dahinter die Art des Beitrags, also »Text« oder »Lied«. Und bei Stein stand immer: »Was«. Und weil das Was oft eher fragwürdig war und das Publikum verstörte, wollten wir das Risiko bei den *Brauseboys* nicht eingehen, ihn einfach was machen zu lassen, sondern haben an diesem Abend eine Bühnen-Talkshow mit ihm veranstaltet. Auch das war natürlich ein unkalkulierbares Risiko mit Stein, das war uns klar. Aber statt befürchteter Ausfälligkeiten, Provokationen oder wirren Geredes wurde plötzlich ein ernstes, warmherziges, packendes Gespräch über das Altern daraus. Stein war unfassbar alt. Bestimmt 53 oder so. Dem Tod also ganz nah, so dachten wir damals. Dass wir damit auf tragische Weise sogar Recht hatten, weil Stein zu dem Zeitpunkt keine drei Jahre mehr zu leben hatte, wussten damals allerdings weder wir noch er selbst. Er war zu dem Zeitpunkt einfach nur ein ganz normaler 53-jähriger. Ein Greis also. Wie kam er damit zurecht, so alt zu sein und bald noch älter zu werden, fragten wir ihn, und er erzählte uns gut gelaunt davon, dass er sich mit dem Thema tatsächlich beschäftige, und er stelle sich vor, später im Alter in eine große WG mit vielen anderen alten Säcken zu ziehen. Da könnten sie schön trinken und Drogen nehmen, so viel sie wollten, und dann wäre es ja auch wirklich egal, da könnten sie einfach Spaß haben, und er sei schon dabei, nach Leuten dafür Ausschau zu halten. Wenn es dann zu arg würde, könnten die anderen einem am Ende einfach den Fangschuss geben. Das war seine Vorstellung vom selbstbestimmten Altern in Würde.

Heute sind wir, nun ja, steinalt. Also, so alt wie Stein damals war. Und im Grunde sind wir doch längst so eine fidele

Alters-WG. Zumindest eine temporäre. Jeden Sonntag. Wir müssen nichts mehr erreichen. Wir müssen uns nichts mehr beweisen. Klar, wir würden uns schon wünschen, dass wieder mehr Leute kämen zu unseren Shows, denn das Publikum ist ja irgendwie auch Teil dieser wöchentlichen Schicksalsgemeinschaft. Aber ansonsten machen wir zwar nicht »was«, sondern das, was wir eben machen, aber das machen wir zusammen, mit mehr oder weniger Drogen und mehr oder weniger gut gelaunt, aber vor allem, weil wir es ganz selbstbestimmt so machen wollen. Und wenn es denn dereinst so weit ist und einer von uns den Fangschuss braucht – Mandana steht sicher schon bereit.

Schluss: Sonntag in der *Baiz*

C   E   am   C7
Die Sonne scheint, Regen fällt / dunkel ist es in der Welt.
F   C   dm   G
Sogar die Hoffnung, die ist grau, wenn ich vorwärts schau.

    C   E   am C7
→ Auch morgen noch sind wir jung, das ist eine Verabredung
F   C   dm G7 C
Denn nur eine Woche lang zum nächsten Empfang.
C E am C7 F C dm G
Sonntag in der BAIZ / FIT / Sonntag in der BAIZ / FIT
  C   E
Die Sonne scheint, Regen fällt,
 am   C7
dunkel ist es in der Welt.
 F   C   dm G7 C
Aber Hirn und Herz glüh´n bei uns in der BAIZ / FIT

  C   E   am   C7
Wir trinken noch ein letztes Bier, meistens werden´s doch dann vier
F   C   dm   G
Stoßen auf die Hoffnung an: Gemeinsam voran!
    C
→ Auch morgen noch …

   C   E   am   C7
Wenn´s dunkel ist, wird´s wieder hell, die Woche sie vergeht so

schnell.
 F   C   dm   G
Schlimmer kann es immer sein zum Stelldichein
    C
→ Auch morgen noch …

Die Autorinnen und Autoren

AHNE wurde 1968 in Berlin-Buch geboren, lernte gegen seinen Willen Offset-Drucker und nutzte die Zeit nach der Wende, um zweimal durch die Abiturprüfung zu fallen. Seit 1995 liest er bei der *Reformbühne Heim & Welt* selbst Ausgedachtes vor. Jüngste Veröffentlichungen: »Wie ich einmal lebte« (Voland & Quist), autobiografischer Roman, und »Der Tag, an dem sich die Welt weiterdrehte« (Satyr: 2026), Kurzgeschichten. Außerdem sind unter anderem fünf Bände von »Zwiegespräche mit Gott« erschienen (Voland & Quist). Ahne kann mit der rechten Hand Walnüsse knacken und trägt Kleidung aus seinem Schrank.

FALKO HENNIG wurde 1969 in Berlin-Friedrichshain geboren und lebt am Alexanderplatz. Er war Schriftsetzer, Taxifahrer und Bauarbeiter, heute arbeitet er als Touristenführer, Vortragskünstler und Schriftsteller. Seit 1995 liest und singt er jeden Sonntag in der *Reformbühne Heim & Welt* und spielt in seiner Freizeit Fußball in verschiedenen Mannschaften. Sein neuestes Buch und Programm heißt »Greatest Hits« (Omnino).

MANDANA KATEBIAN wurde 1977 in Berlin-Kreuzberg geboren. Nach dem Abitur für Versager (Fachabitur) begann sie ein Studium der Sozialpädagogik, welches sie nach drei Semestern abbrach, weil es pupslangweilig war, absolvierte eine Ausbildung zur staatlich anerkannten Erzieherin und arbeitete mit geistig behinderten Menschen. Sie war die beliebteste Betreuerin von allen. Seit 2016 ist sie Müllfrau bei der *Reformbühne Heim & Welt* und macht das, wofür die Anderen sich zu erhaben fühlen (Einlass und Bücherverkauf). Gelegentlich darf sie Texte vorlesen. Veröffentlicht hat sie noch nichts, weil sie kacke schreibt.

SUSANNE M. RIEDEL wurde 1971 in Berlin-Steglitz geboren, wo sie zwischen psychedelischen Tapeten, amerikanischen Panzern und Currywurst zu einer ehrbaren Sozialpädagogin mit Sozialversicherung heranwuchs. Dann kamen die Lesebühnen. Seit 2015 liest sie ihre Texte vor und ist Teil der Ensembles *Der Frühschoppen*, *Textbomben* und des Duos *Riedel & Meister*. Seit 2020 gehört sie zum Team der *Reformbühne Heim & Welt*. Ihr Leben in Autokorrektur beschrieb sie zuletzt im Kurzgeschichtenband »Lebensmittelallergie« (Satyr). Das M. steht für Freude. Es war nicht alles schlecht.

FRANK SORGE wurde 1977 in Berlin-Moabit geboren und hat seitdem die Stadt kaum verlassen, denn es gab hier immer Universitäten zum Studieren, Lesebühnen zum Auftreten und guten Döner. Seit 2003 mit den *Brauseboys* wöchentlich am Vorlesen und nach über einem Jahr Corona-Livestream seit 2021 festes Mitglied der *Reformbühne Heim & Welt*. Einzelveröffentlichungen: »Brunnenstraße 3, Berlin« (Eichborn) und »Degeneration Internet« (Satyr).

SPIDER heißt in echt ANDREAS KRENZKE. Er wurde 1971 in Berlin-Friedrichshain geboren und ist voll der krasse Typ. Schon mit fünf trug er Brille. Er lernte BMSR-Technik und machte aus Versehen die DDR kaputt (aber nicht alleine). Bei der *Reformbühne Heim & Welt* darf er seit 2020 mitmachen. Er hat auch die Lesebühne *LSD – Liebe Statt Drogen* mitgegründet und war *Surfpoet*. Die meisten Veröffentlichungen sind vergriffen (Voland & Quist) oder guckst Du hier: »Sind Antisemitisten anwesend?« (Satyr). Wenn man ihn lässt, geht er auch zu Kabarett oder Comedy hin, macht dann aber mit.

HEIKO WERNING, geboren 1970 in Münster, ist Reptilienforscher aus Berufung, Froschbeschützer aus Notwendigkeit, Schriftsteller aus Gründen und Liedermacher aus Leidenschaft. Er schreibt für *taz* und *Titanic* und liest seit 2003 bzw. 2004 bei den Lesebühnen *Reformbühne Heim & Welt* und *Brauseboys*. Er verfasste mehrere Bücher über den »Problembezirk« Wedding (Ed. Tiamat) und arbeitet für das Artenschutzprojekt *Citizen Conservation*, das er selbst mitbegründet hat. Für Satyr gab er zuletzt die Anthologie »Sind Antisemitisten anwesend? Satiren, Geschichten und Cartoos gegen Judenhass« mit heraus.

Reformbühne Heim & Welt

Seit Januar 1995 jeden (!) verdammten Sonntag

September bis Mai:
Kultur- und Schankwirtschaft Baiz
Schönhauser Allee 26A, Berlin-Prenzlauer Berg

Juni bis August:
Open Air in der *Freien Internationalen Tankstelle FIT*
Schwedter Str. 261, Berlin-Prenzlauer Berg

www.reformbuehne.de
Instagram und Facebook: Reformbühne Heim & Welt